플루트 어드벤쳐

Lesson Book 1

by Ned Bennett 초급용

《어드벤쳐 시리즈》 플루트 교재에는
기타나 피아노 반주를 위한
코드를 표기해 놓았습니다.

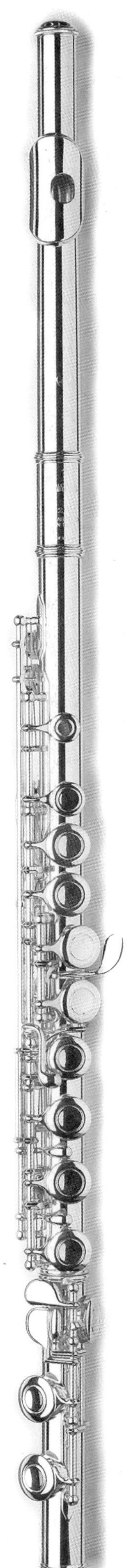

music tree

Foreword

세계적인 스테디셀러 《A New Tune a Day》의 한국어판 《어드벤쳐 시리즈》 전권을 출간하게 된 것을 기쁘게 생각합니다.

최고의 전문가들이 참여하여 '가장 쉽게 시작하면서도, 정확하게 배울 수 있는 교수법'을 다년간 연구하였습니다. 이 교수법을 바탕으로 바이올린, 플루트, 기타 등 15개의 악기, 총 28권의 교재가 개발되었으며, 음대 교수님들과 오케스트라 음악감독 등 권위자의 감수를 통해 우수성을 검증받았습니다.

본 시리즈는 악기를 중간에 포기하는 일이 없도록 누구나 좋아하는 노래, 클래식, 재즈, 크리스마스 캐롤 등 친근한 레퍼토리를 통해 테크닉과 음악성을 동시에 길러주며, 세심하게 구성된 진도와 CD가 실력을 빠르게 쌓을 수 있도록 이끌어줄 것입니다. 각 악기별로 공통된 연주곡도 담겨있어 학교 앙상블 수업이나 동호회 연주회에도 효과적입니다. 바이올린 교재는 첼로, 비올라와, 클라리넷은 색소폰과, 일렉 기타는 베이스 기타, 드럼 교재와 함께 사용할 수 있습니다.

《어드벤쳐 시리즈》로 평생 즐길 수 있는 나만의 악기를 찾고, 음악을 통해 새롭게 펼쳐질 풍요로운 삶을 누리시기 바랍니다.

한국어판 감수를 도와주신 서울대학교 최경환, 김재윤 교수님, 한국예술종합학교 오광호, 이강호, 이성우, 이성주, 이철웅 교수님을 비롯하여 원무연, 이하재, 조장휘, 진우경 교수님께 감사 드립니다.

《어드벤쳐 시리즈》만의 장점

- 교수법을 바탕으로 한 체계적인 진도
- 기초 음악이론과 클리닉을 위한 중간 테스트
- 관련 장비, 자세, 테크닉에 대한 친절한 설명
- 누구나 쉽게 배우는 운지법 차트
- 클래식, 재즈, 팝송 등 연주효과 탁월한 레퍼토리
- 각 레슨마다 학습목표 제시
- 자세와 운지법을 익힐 수 있는 사진과 그림
- 시범연주와 반주가 수록된 CD로 탁월한 연습효과

어드벤쳐 시리즈 구성

악기 종류별 레슨 교재		병행 교재		악기 종류별 레슨 교재		병행 교재	
관악기	플루트 어드벤쳐 레슨 1, 2	연주곡집	스케일 & 아르페지오 교재	현악기	바이올린 어드벤쳐 레슨 1	연주곡집	스케일 & 아르페지오 교재
	클라리넷 어드벤쳐 레슨 1, 2	연주곡집			첼로 어드벤쳐 레슨 1	연주곡집	
	트럼펫 어드벤쳐 레슨 1	연주곡집			비올라 어드벤쳐 레슨 1	연주곡집	
	트롬본 어드벤쳐 레슨 1	연주곡집		기타	클래식 기타 어드벤쳐 레슨 1	연주곡집	
	알토 색소폰 어드벤쳐 레슨 1, 2	연주곡집			어쿠스틱 기타 어드벤쳐 레슨 1	연주곡집	
	테너 색소폰 어드벤쳐 레슨 1	연주곡집			일렉 기타 어드벤쳐 레슨 1	연주곡집	
타악기	드럼 어드벤쳐 레슨 1	연주곡집			베이스 기타 어드벤쳐 레슨 1	연주곡집	
건반악기	피아노 어드벤쳐 레슨 1	연주곡집					

《병행교재》

- **연주곡집:** 레슨 교재 1권 중반부터 병행교재로 함께 배우거나 독주, 앙상블 레퍼토리로 활용하면 좋습니다.
- **스케일 & 아르페지오 교재:** 모든 악기에 사용할 수 있는 스케일 & 아르페지오 교재에는 전통 클래식 음악에 사용되는 장음계와 단음계 외에도 록과 재즈 연주에 도움이 되는 블루스, 펜타토닉, 디미니쉬 스케일 등이 수록되어 있어 탄탄한 테크닉을 길러줍니다.

Contents

A New Tune A Day

This book © Copyright 2005&2006 Boston Music Company,
a division of Music Sales Limited

Edited by David Harrison
Music processed by Paul Ewers Music Design
Original compositions and arrangements by Ned Bennett
Cover and book designed by Chloë Alexander
Photography by Matthew Ward
Model: Tom Green
Backing tracks by Guy Dagul
CD performance by Alison Hayhurst
CD recorded, mixed and mastered by Jonas Persson and John Rose

www.musicsales.com

음악의 첫걸음

보표

줄이 다섯 개라서 오선보라고도 합니다.
음표는 5개의 선 위에 그립니다. 모든 보표에는 악기의 음역을 나타내는 음자리표가 있습니다.

높은음자리표: 주로 선율 악기에 사용

보표에는 마디를 나누는 세로줄이 있습니다.
각 마디의 길이는 동일합니다.

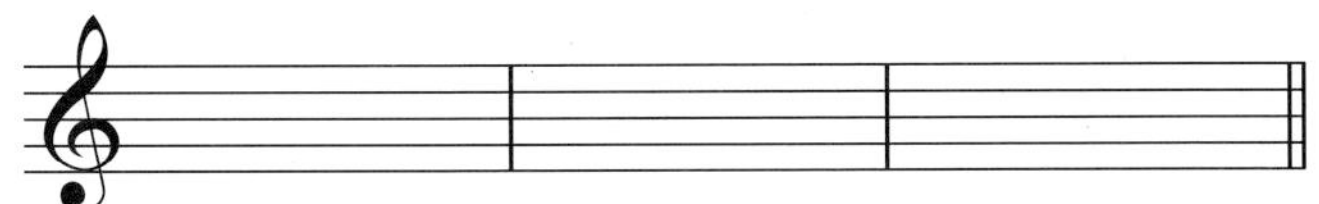

음표와 쉼표의 길이

음표의 길이는 다양한 모양으로 나타냅니다. 음표와 길이가 같은 쉼표도 있습니다.
음표와 쉼표의 이름은 온음표를 몇 개로 나눌 수 있는지를 의미합니다.
온음표를 4로 나누면 4분음표, 8로 나누면 8분음표라고 합니다.

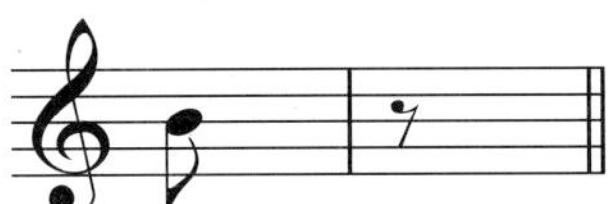

8분음표 (반 박) = 8분쉼표 (반 박)

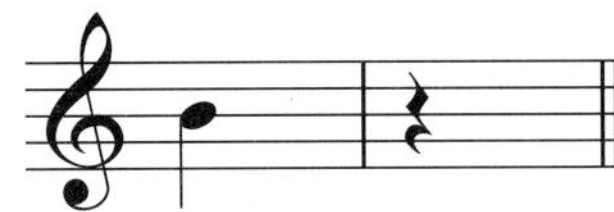

4분음표 (1박) = 4분쉼표 (1박)

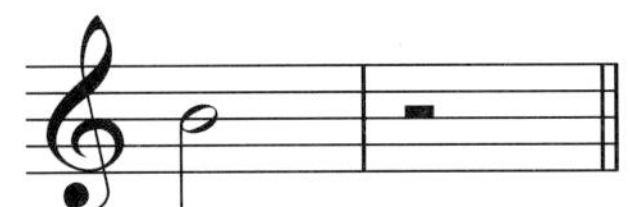

2분음표 (2박) = 2분쉼표 (2박)

온음표 (4박) = 온쉼표 (4박)

그 외의 음길이

음표 오른쪽에 점을 찍으면 원래 길이의 절반만큼 음표의 길이가 길어집니다.
예를 들어 점2분음표 하나의 길이는 2분음표와 4분음표를 더한 길이와 같습니다.

8분음표 묶기

둘 이상의 8분음표가 연달아 나올 경우 꼬리를
이렇게 연결할 수 있습니다.

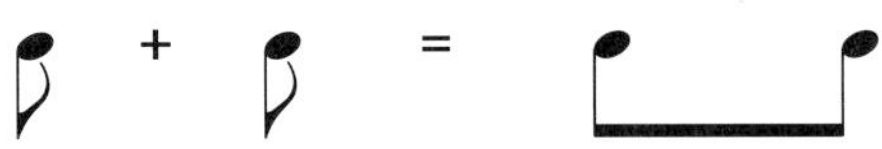

박자표

박자표는 음자리표 옆에 그립니다. 위의 숫자는 한 마디 안에 몇 개의 박이 들어가는지 알려주고, 아래의 숫자는 기준이 되는 음표를 나타냅니다.

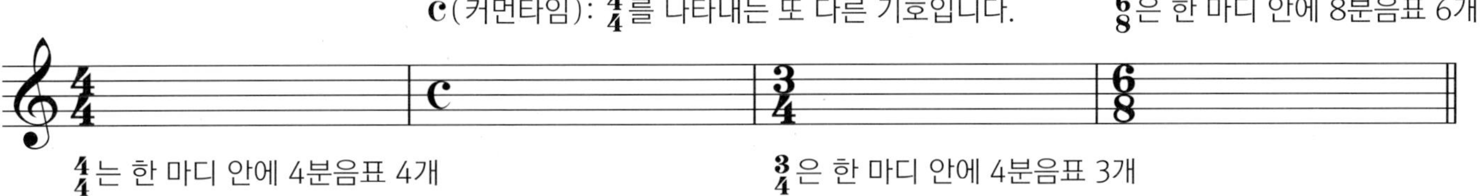

음이름

음이름은 알파벳의 첫 일곱 글자에서 가져온 것입니다. 음은 음높이에 따라 보표의 줄이나 칸 위에 그립니다.

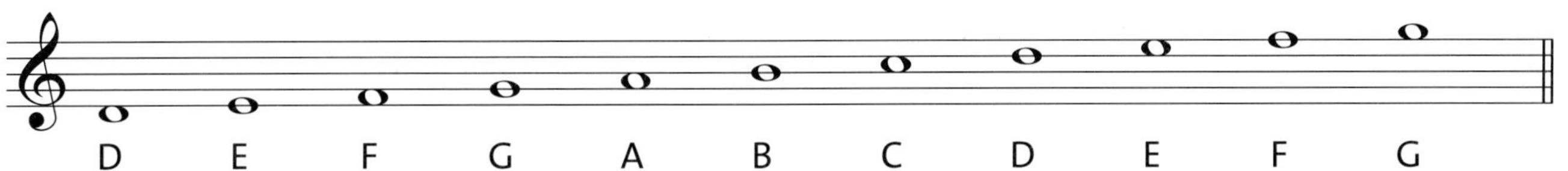

임시표

샵(올림표)이나 플랫(내림표) 같은 임시표 기호를 사용하면 음높이를 반음 내리거나 올릴 수 있습니다.

샵(♯)은 음높이를 반음 올립니다.

제자리표(♮, natural)는 원래의 음높이로 돌아가라는 기호입니다.

플랫(♭)은 반음 낮춥니다.

덧줄

보표 밖의 음은 덧줄을 그려 표시합니다.

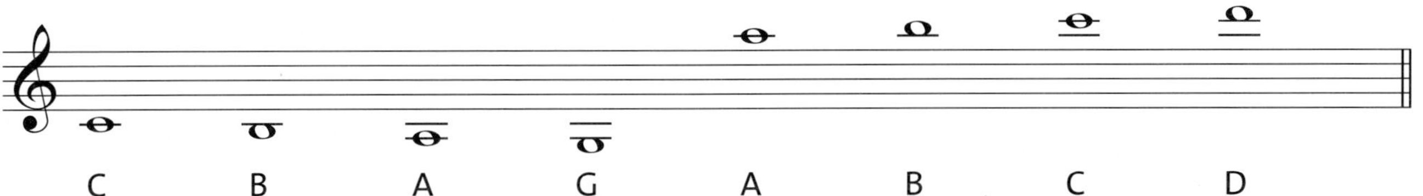

세로줄

여러 가지 종류의 세로줄 :
겹세로줄은 음악의 한 부분이 끝났다는 표시입니다.

끝세로줄은 한 곡이 끝났다는 의미입니다.

도돌이표는 이 부분이 반복된다는 표시입니다.

연주에 앞서

플루트와 액세서리

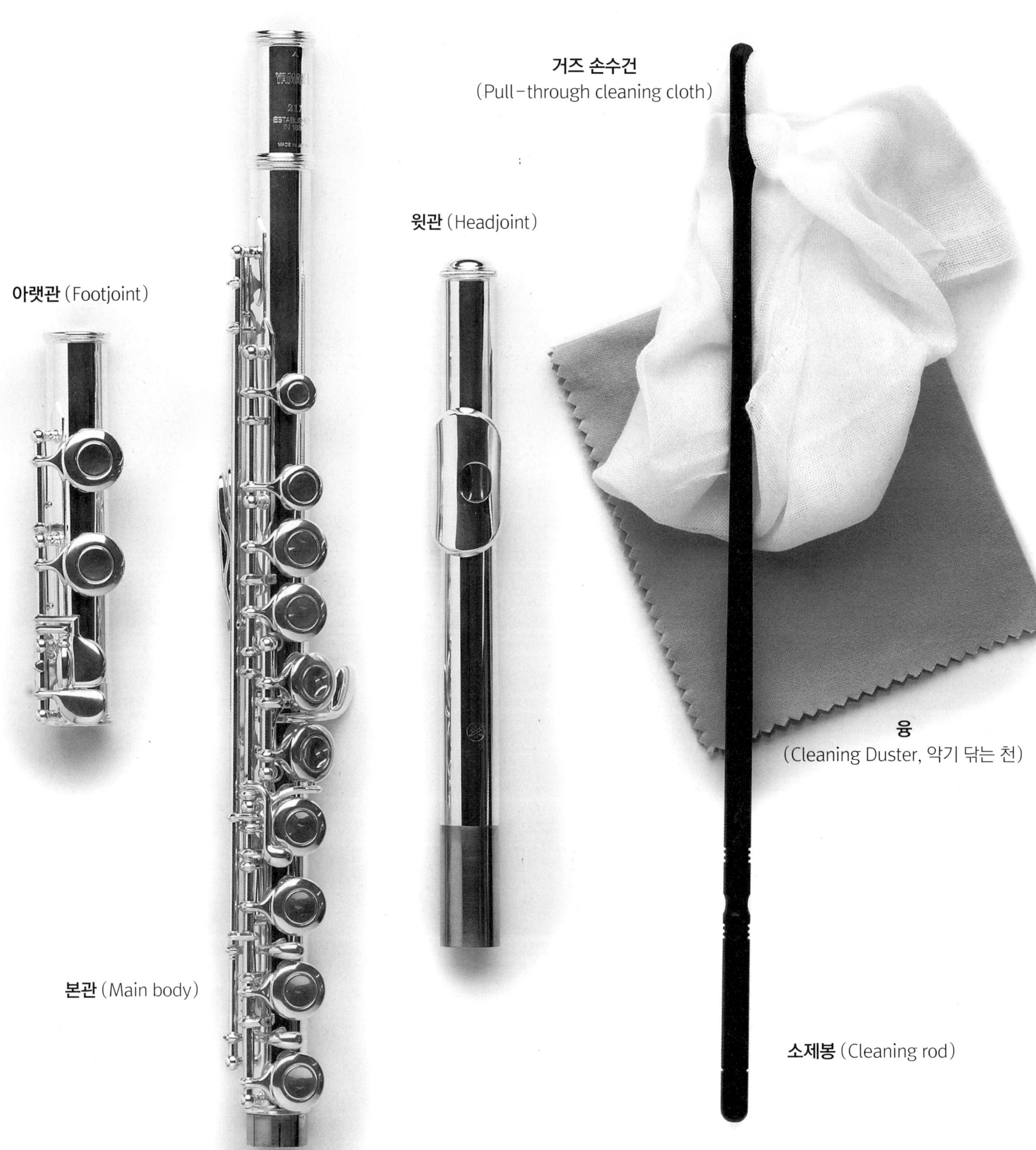

플루트 조립하기

1. 아랫관을 본관에 끼울 때는 두 관을 살짝 비틀면서
   밀어야합니다. 아랫관의 샤프트 (키가 달려있는 축)와 본관의
   키가 일렬이 되도록 하세요.

2. 윗관도 마찬가지로 살짝 비틀어 끼웁니다.
   취구가 본관의 키와 일렬이 되도록 하세요.

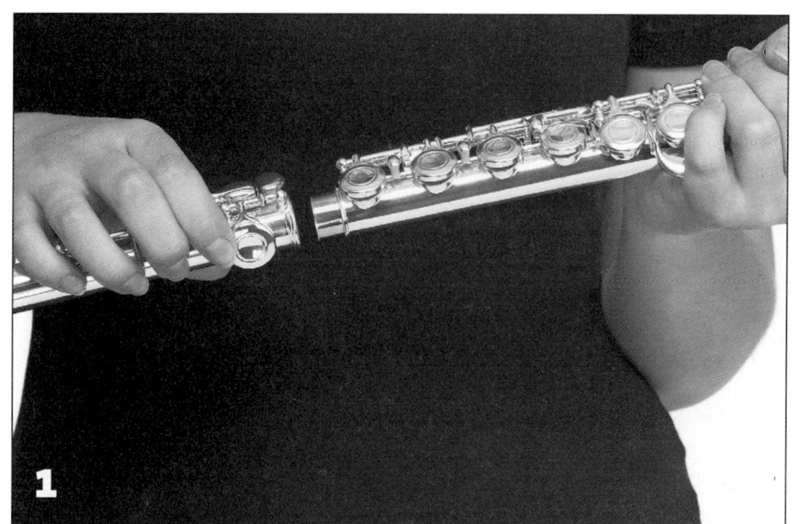

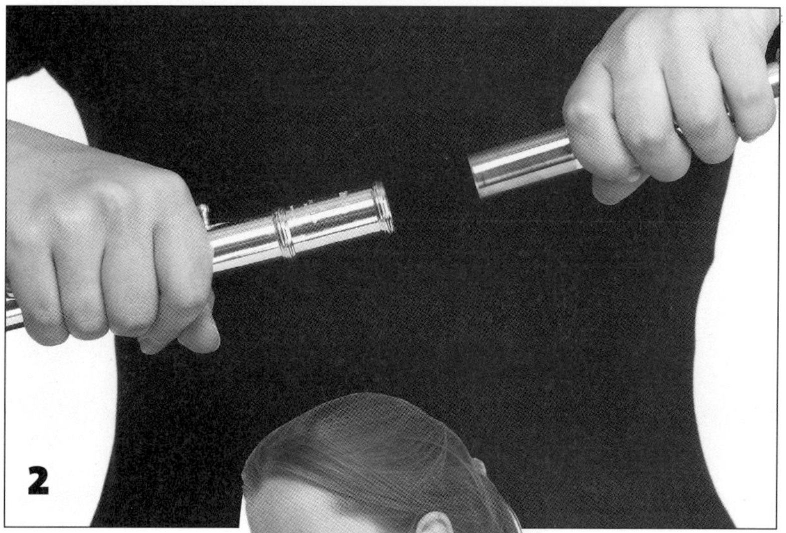

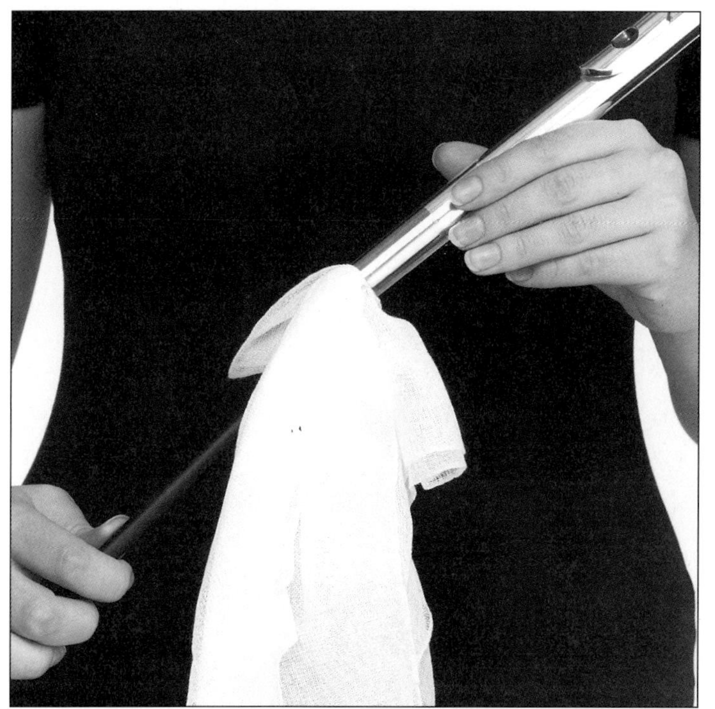

악기 손질 및 보관

연주하고 난 뒤에는 항상 악기를 깨끗이 닦으세요.
악기를 닦을 때는 소제봉 구멍에 거즈 손수건을
끼워 악기 안쪽으로 밀어 넣어 악기가 완전히
마르도록 닦습니다. 소제봉에 악기 안쪽이 상하지
않도록, 거즈 손수건이 봉을 완전히 감쌌는지 꼭
확인하세요.

- 젖은 거즈 손수건을 플루트와 함께 케이스 안에
  보관하지 말 것.
- 절대로 플루트 바깥 면을 광택제로 닦지 말 것.
  악기 바깥 면은 부드럽고 깨끗한 천으로 닦는
  것이 가장 좋습니다.

goals:

1. 복식호흡: 횡격막으로 호흡하기
2. 입모양
3. 텅잉
4. 연주자세
5. B음, A음, G음
6. 온음표, 2분음표, 4분음표

Tip

자세가 편안하고 안정되어 있으면 호흡도 편안하고 정확하게 할 수 있습니다.

호흡

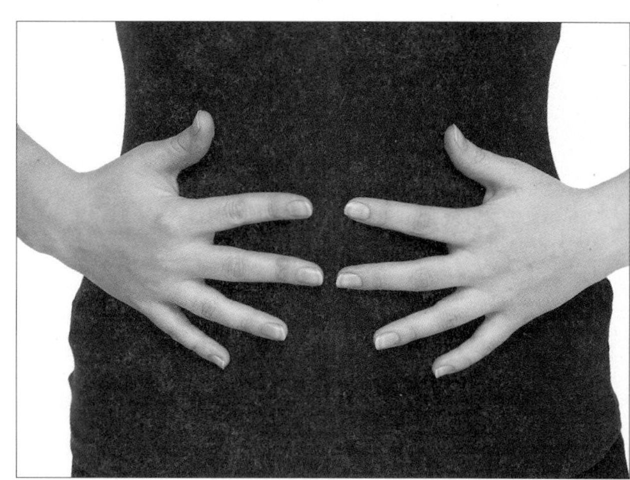

플루트를 연주할 때는 횡격막을 사용하여 호흡합니다.

횡격막은 흉곽 아래에 있는 큰 근육 막입니다.

횡격막으로 호흡을 하면 숨을 들이마실 때는 배가 나오고 내쉴 때는 배가 들어갑니다.

연습 1.

숨을 들이마시며 네 박을 세어보세요. 그런 다음 숨을 내쉬며 다시 네 박을 셉니다.
횡격막으로 호흡하면서 들이마시고 내쉬는 공기의 양을 일정하게 유지하세요.

숨을 쉴 때 한 손을 배에 대고 배가 나오고 들어가는지 확인해보세요.

텅잉과 입모양 (Tonguing and Embouchure)

'투–'하고 말해보세요.
이번에는 목소리를 내지 않고 다시 한 번 '투–'라고 해보고,
공기가 나가는 길을 혀로 막아보세요. 이것이 텅잉입니다.

소리 내는 법을 처음 배울 때는 윗관만 들고 연습하는 것이 쉽습니다. 구멍이 막힌 쪽이 왼쪽으로 오도록 윗관을 입 앞에 들어보세요. 윗관을 평형상태로 유지하며 그림과 같이 취구를 아랫입술에 댑니다. 아랫입술이 취구의 1/3을 가려야 합니다.
플루트를 연주할 때의 입모양은 암부슈어 (앙부쉬르)라고도 합니다.

연습 2. 소리내기

숨을 들이마신 뒤 연주를 하기 위한 입모양을 만드세요.
천천히 박을 세면서 각 음에 텅잉을 하세요.

이제 플루트를 조립하고 아무 키도 누르지 않은 채로 연습 2를 다시 해보세요.

연주자세

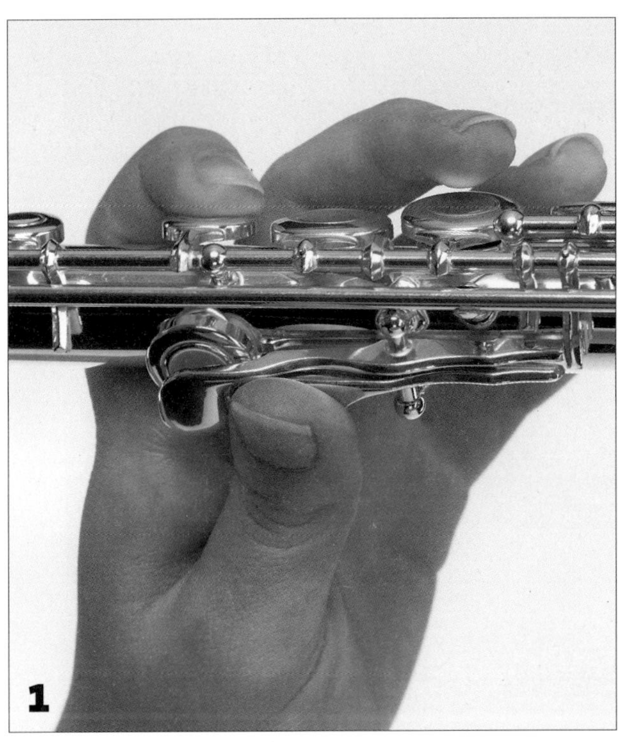

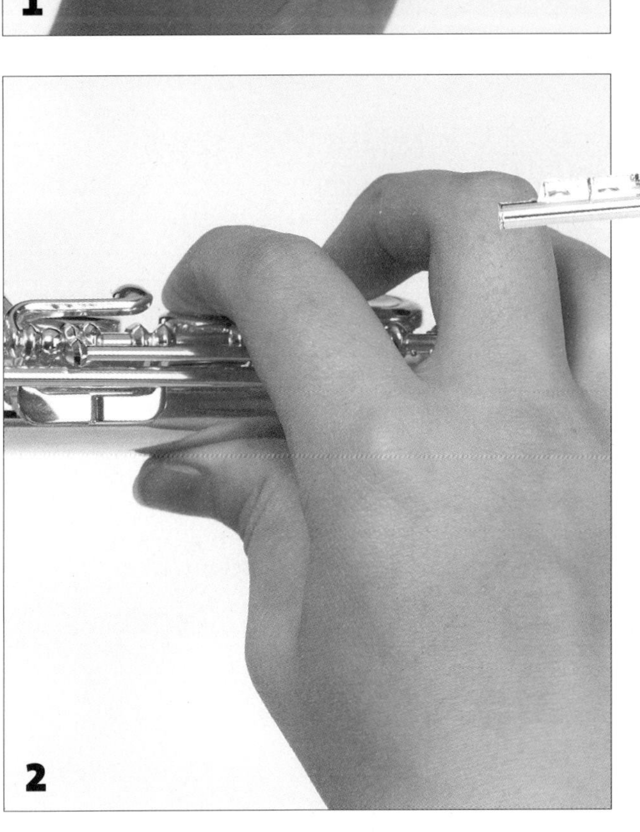

왼손 엄지로 플루트 뒷면의 긴 페달 모양 키를 누릅니다.

검지의 가장 안쪽 마디를 플루트에 대고 손가락을 둥글게 말아
악기를 감쌉니다.

그림 1과 같이 키 위에 손가락을 올려보세요.

이번에는 오른손 엄지로 본관 끝에서 세 번째 키 아래를
받칩니다.

그림 2와 같이 나머지 손가락을 둥글게 말아 본관 끝의 세 개의
키 위에 놓습니다.

아랫관 가장 높은 곳에 있는 키는 새끼손가락으로
누릅니다.

B음

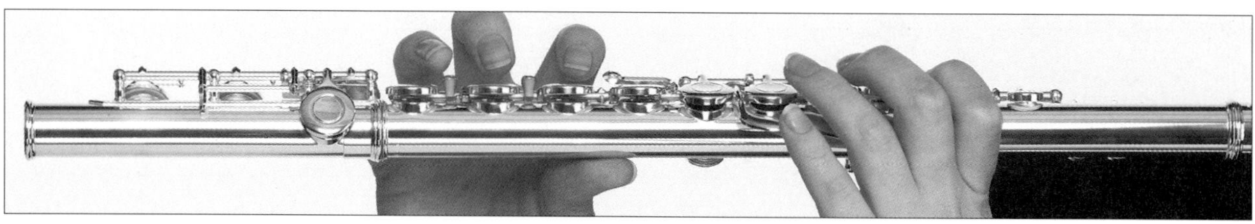

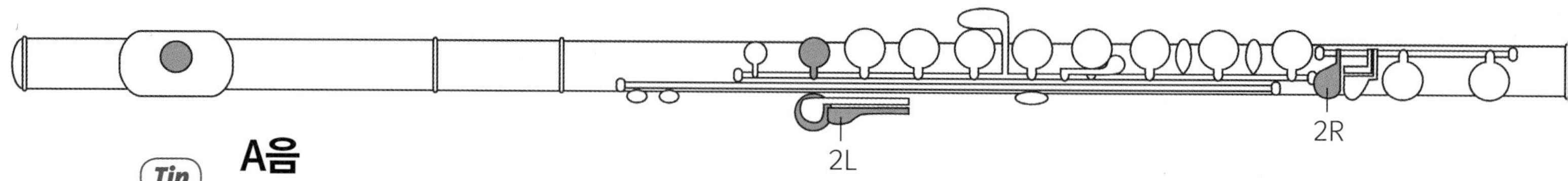

A음

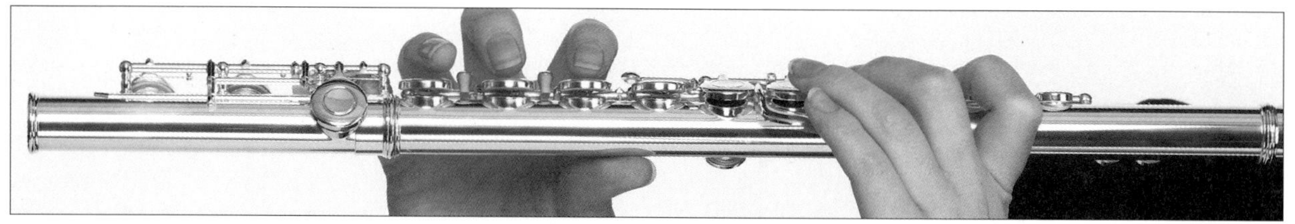

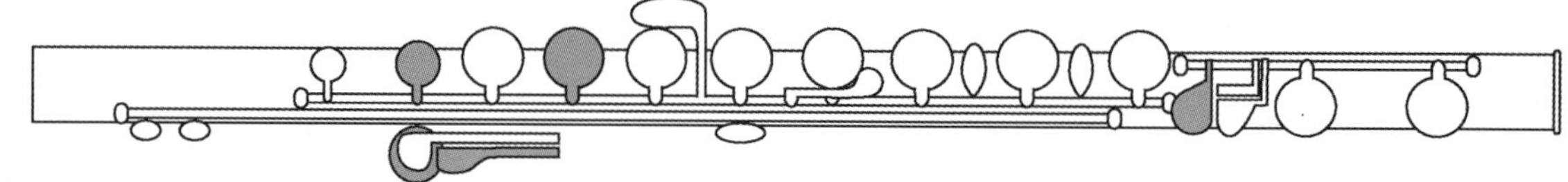

G음

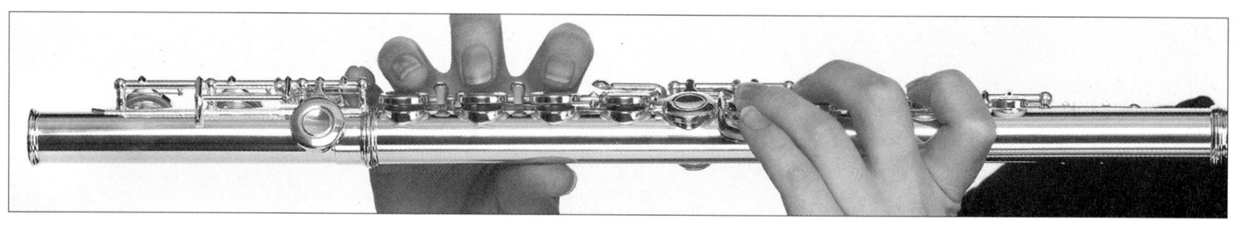

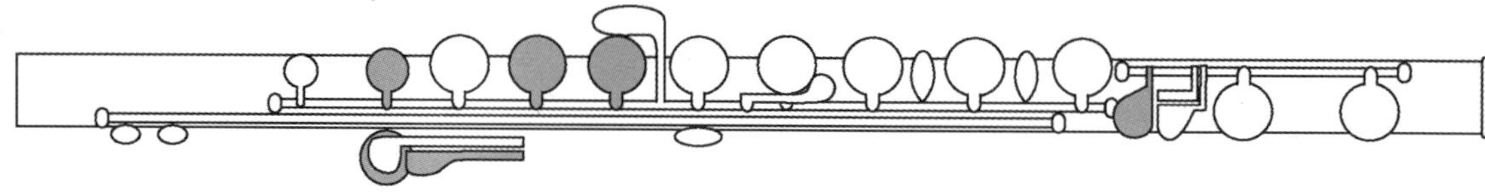

연습 3.

연주 전에 호흡을 시작하고 쉼표에서도 호흡을 멈추지 마세요.
각 음에 텅잉하는 것을 잊지 마세요. 아래의 음표와 쉼표는 4박 길이의 **온음표**와 **온쉼표**입니다.

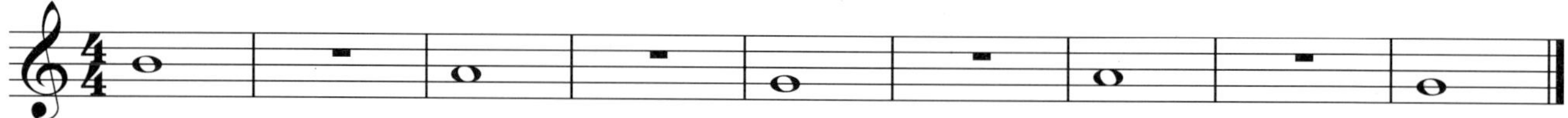

연습 4.

아래의 음표와 쉼표는 2박 길이의 **2분음표**와 **2분쉼표**입니다.

연습 5.

아래의 음표와 쉼표는 1박 길이의 **4분음표**와 **4분쉼표**입니다. 쉼표가 나오면 재빨리 호흡을 하세요.

레슨 1을 위한 연주곡

Valley Song (골짜기의 노래)

Going Cuckoo (뻐꾹뻐꾹)

Au Clair de la Lune (달빛 아래에서)

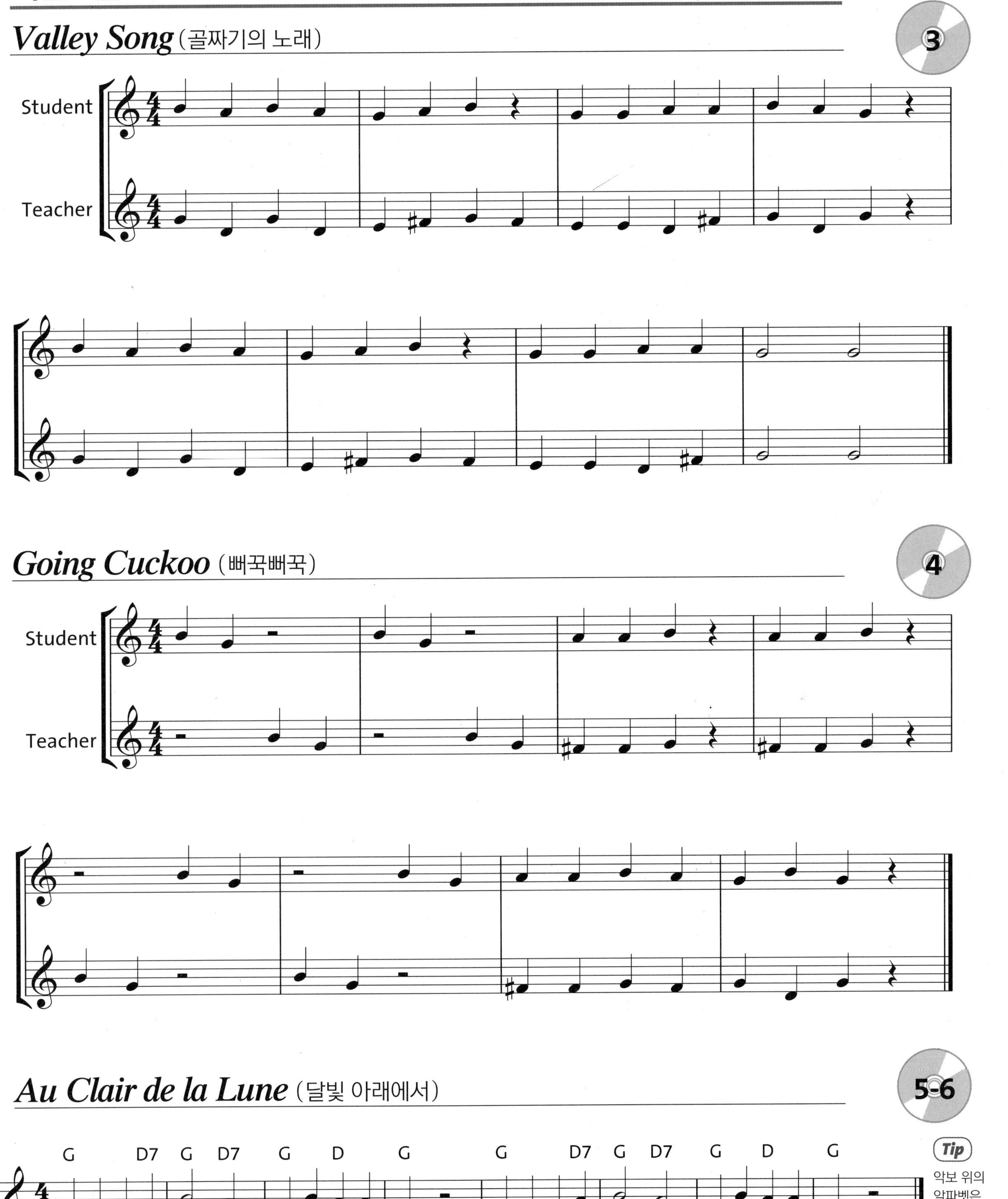

1. C음
2. 목구멍 열고 호흡하기
3. 점2분음표
4. $\frac{3}{4}$박자

C음

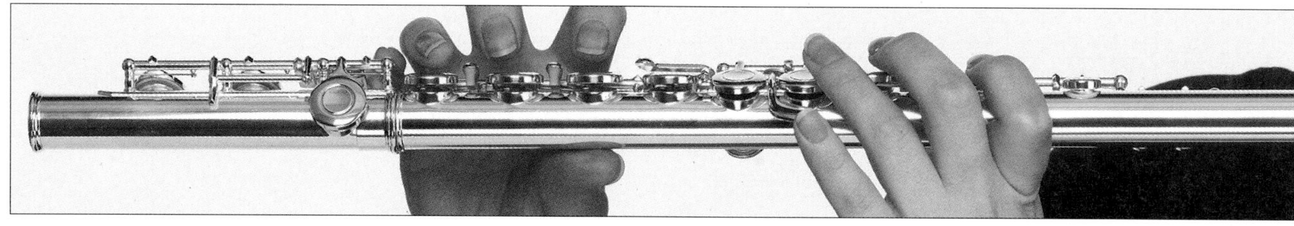

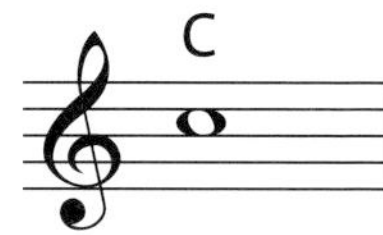

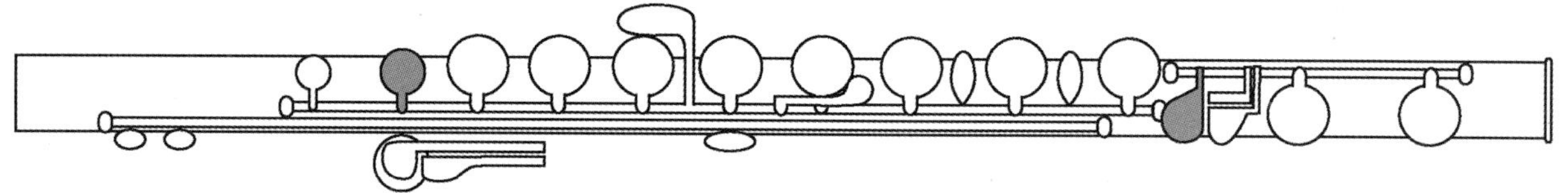

목구멍 열고 호흡하기

손등에 대고 입으로 바람을 불어보세요. 차가운 공기가 느껴질 겁니다.

그렇다면 이번에는 창문에 입김을 분다고 상상하고 다시 불어보세요. 손등에 따뜻한 공기가 느껴질 겁니다.

따뜻한 공기가 나온 이유는 목구멍을 열고 호흡했기 때문입니다.

목구멍을 열고 연주하면 좋은 소리를 낼 수 있습니다.

(Tip)

편안한 자세로 서서
심호흡을 한 뒤에
연주하세요.
목구멍을 열고
횡격막으로 호흡하며
공기의 흐름을 일정하게
유지하세요.

연습 1.

아래 온음표 위의 기호는 늘임표 (페르마타)입니다. 늘임표는 음표의 원래 길이보다 더 길게 연주하라는 의미입니다.
목구멍을 열고 최대한 오래 연주해보세요.

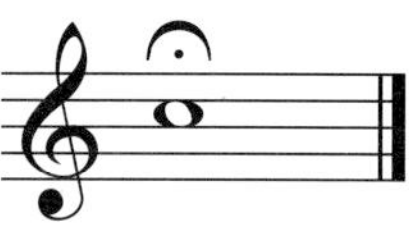

연습을 할 때는 항상 긴 음표로 시작해야 합니다.

연습 2.

위에서 배운 대로 호흡하며 박자를 지켜 연주해보세요.
악보 위에 작은 숨표가 나오면 음악에 방해가 되지 않게 재빨리 호흡을 하세요.

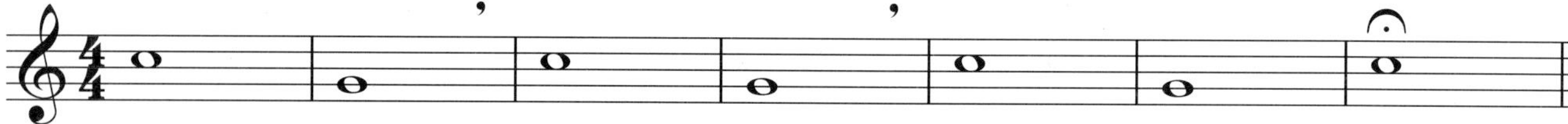

연습 3.

손가락의 사용과 텅잉의 조화를 아티큘레이션 (articulation)이라고 부릅니다.
운지와 텅잉이 엇갈리지 않도록 연습하면 깨끗하고 정확한 소리를 낼 수 있습니다.
지저분한 소리에 만족하지 마세요!

점2분음표

음표 옆에 점이 있으면 원래 음표의 절반 길이만큼 길어집니다.
그래서 2박인 2분음표에 점이 붙으면 3박이 됩니다.

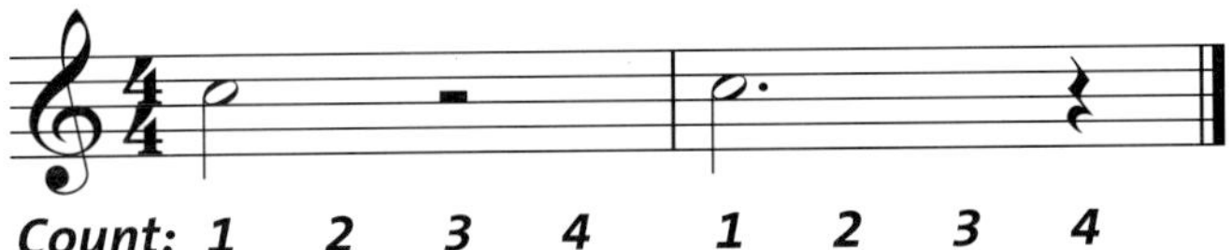

Count: 1   2   3   4   1   2   3   4

연습 4.

연주하는 동안 마음속으로 박을 셉니다. 잊지 말고 목구멍을 열어 호흡하세요.

박자표

지금까지 나온 악보에는 한 마디에 4박이 들어가는 박자표가 있었습니다.

1, 2, 3, 4, **1**, 2, 3, 4, **1**, 2, 3, 4

그러나 한 마디에 3박이 들어가는 곡도 많습니다.
3박자 곡은 머릿속으로 이렇게 박을 셉니다. **1**, 2, 3, **1**, 2, 3, **1**, 2, 3
대표적인 3박자 음악은 왈츠입니다.

연습 5.

박자표를 보세요. 아래의 숫자는 한 마디에 3박이 들어간다는 의미입니다.
악보에서 줄 위에 있는 G와 B음, 칸 위에 있는 A와 C음을 잘 구분하세요.

Count: 1   2   3   1   2   3   1   2   3

자세 확인!

몸에 힘이 들어가지 않고
편안한 자세로 연주하고 있나요?

어깨를 내리고 횡격막으로 호흡하세요.

아랫입술이 제자리에 있는지,
오른손 새끼손가락이 키를 누르고 있는지
항상 확인하세요.

Back To Bed (다시 잠자리로)

Grumpy Graham (심술쟁이 그레이엄)

Medieval Dance (중세 춤곡)

Barcarolle (뱃노래)

Offenbach

14

* Barcarolle: 베네치아의 곤돌라 사공이 부르는 노래

goals:

1. 저음 영역의 F음과 B♭음
2. 온음과 반음
3. 붙임줄
4. 플랫
5. 조표
6. F장조

저음 영역의 F음

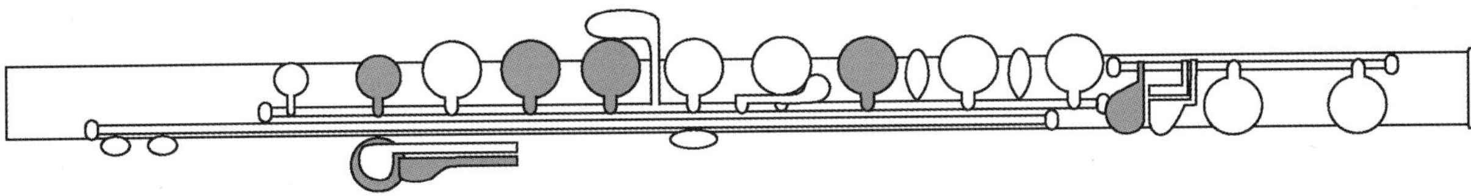

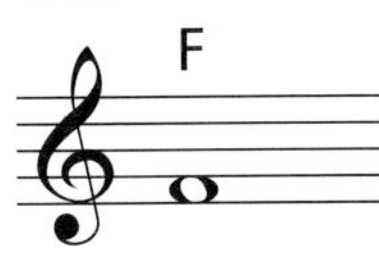

(Tip)

저음 영역:
가운데 도(C1) ~ 높은 도(C2)

중음 영역:
높은 도(C2) ~ 더 높은 도(C3)

고음 영역:
더 높은 도(C3) ~ 더더 높은 도(C4)

《운지법 차트》를 참고하세요.

저음 영역의 B♭음

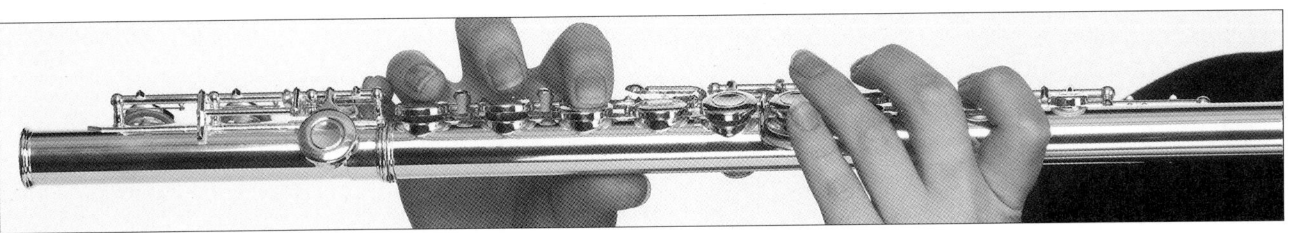

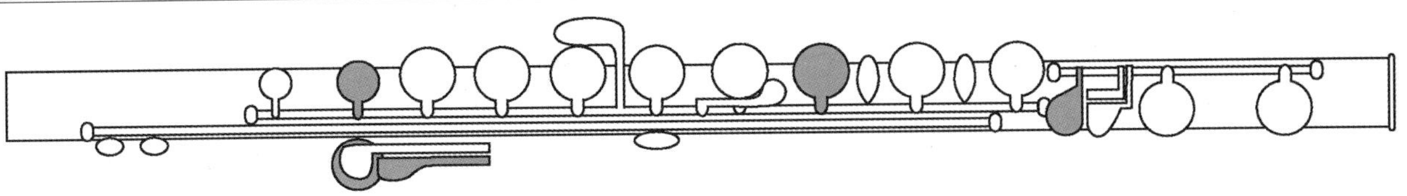

연습 1.

한 음을 최대한 길게 연주하세요. 이 연습을 여러 번 반복하세요.

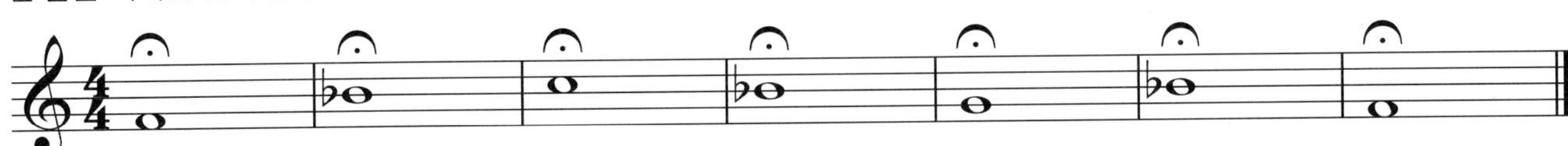

연습 2. 온음과 반음

A와 B음 사이의 간격을
온음이라고 합니다.
A와 B♭음 사이는
반음입니다. 건반 악기에서
연주할 수 있는 가장 가까운
간격이 반음입니다.

연습 3.

텅잉과 손가락의 움직임이 조화를 이루노록 이 곡을 여러 번 언습하세요.

연습 4.

F, A, C음을 혼동하지 않도록 잘 보고 연습하세요.

붙임줄

두 음표를 붙임줄로 연결하면 음의 길이가 길어집니다.
음높이가 같은 두 음표를 잇는 곡선이 붙임줄입니다. 이 때 음의 길이는 두 음표의 길이를 더한 만큼입니다.
붙임줄은 주로 어떤 음이 다음 마디까지 넘어가야 하는 경우에 사용합니다.

연습 5.

박을 잘 세며 연주하세요.

여러 가지 조 (key)와 조표

아주 단순한 선율을 노래할 때에도 내기 힘든 높은 음이 있습니다. 대신 조금 낮은 음에서 시작하면 내기 힘들었던 고음도 편안하게 낼 수 있게 됩니다. 이렇게 시작하는 음을 바꿔 노래하는 것은 다른 조에서 노래를 부르는 것입니다.

음악에는 여러 가지 조가 있고, 조에 따라 구성음이 달라집니다.
C장조는 샵 (♯, 올림표)이나 플랫 (♭, 내림표) 없이 * 제자리 음만 사용하기 때문에 쉽습니다.
F장조에는 B에 ♭이 붙은 B♭음이 사용됩니다. 음이름에 ♭이 붙으면 그 음을 반음 낮추라는 뜻입니다.

악보에서 음자리표 옆의 ♯이나 ♭ 기호 (조표)는 그 노래의 조를 나타냅니다. ♯이나 ♭ 조표가 있는 음은 그 노래 전체에서 모두 ♯이나 ♭ 을 붙여서 연주합니다.

연습 3과 5에서는 B 대신 B♭음이 쓰였고, F음으로 시작하고 끝났습니다.
이런 노래가 F장조입니다.

> * 제자리 음: 샵이나 플랫이 붙지 않은 상태의 음. 피아노의 흰 건반에 해당된다.

연습 6. 조표 익히기

F장조에서는 B를 모두 B♭음으로 연주해야 합니다.

연습 7. 두 가지 조 비교하기

아래 악보는 G장조입니다. 조표의 ♯ 기호는 신경쓰지 마세요. 이 연습곡에는 ♯음이 나오지 않습니다.

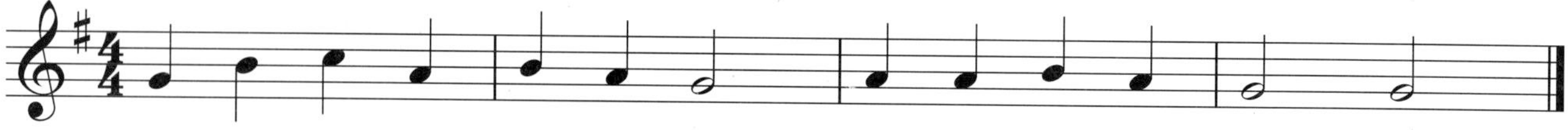

아래의 악보는 F장조입니다.

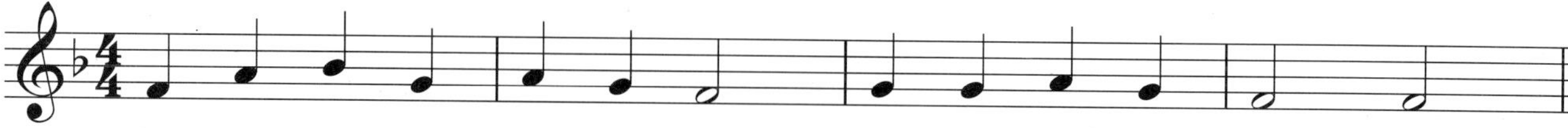

레슨 3을 위한 연주곡

Jingle Bells (징글벨)
12-13
F
F7
Bb
F
G7
C7
F
F7
Bb
F
C7
F

Largo (from the New World Symphony) (라르고) 《신세계 교향곡》에서
Dvořák
14-15
F
Gm/F
C7
F
A7
Dm
Gm
C7
F

Lightly Row (나비야)
16
Student
Teacher

Knight Time (중세의 기사)
17-18
Gm
F
Gm
Eb
F
Gm
F
Gm
F
Gm
Eb
Fb
Cm

Lesson 4

goals:

1. 중음 영역의 D음
2. 셈여림표: **𝑓** 와 **𝑝**
3. 슬러 주법

중음 영역의 D음

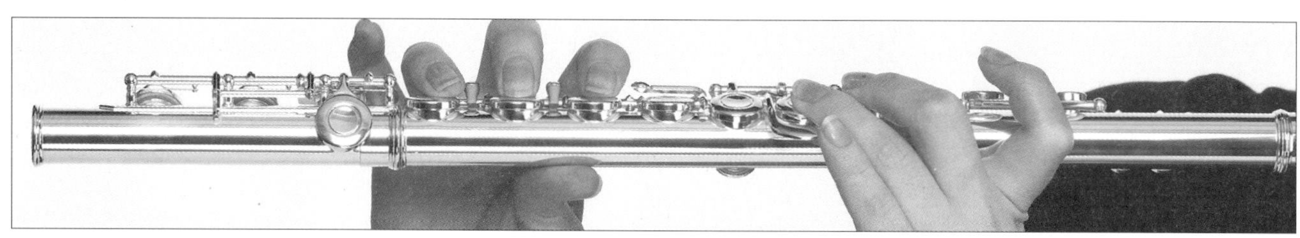

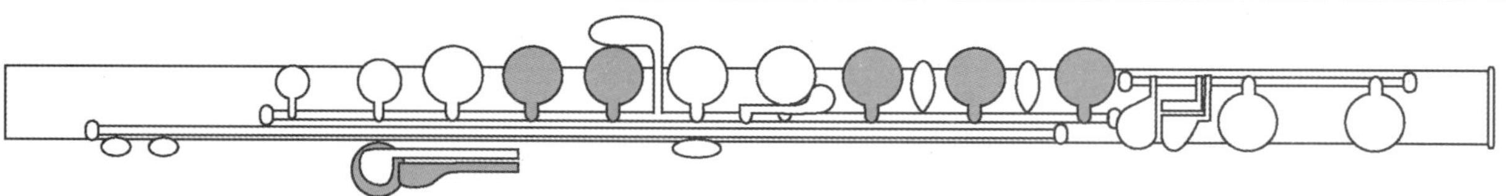

입술의 구멍을 더 작게 만들고 아랫입술을 조금만 앞으로 내밀어보세요. 오른손 새끼손가락은 들어야합니다.

연습 1.

한 음을 최대한 길게 연주합니다. 한 음이 끝나면 호흡하고 다음 음으로 넘어가세요.

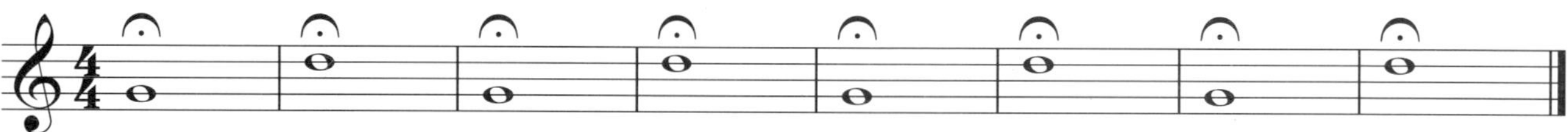

연습 2. 손가락 연습

처음에는 천천히 연습하고 익숙해지면 조금씩 빠르게 연습하세요. 손가락이 저절로 움직일 때까지 연습해야 합니다.

연습 3. F장조와 G장조 연습

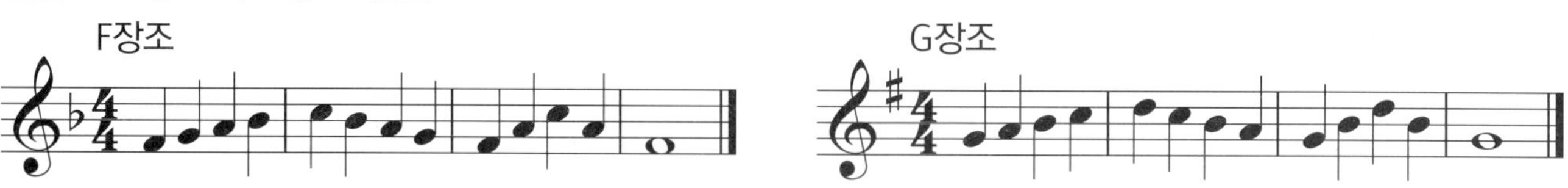

셈여림표 (다이내믹 기호)

음표와 리듬은 음악의 중요한 요소들이지만, 곡의 분위기가 표현되지 않는다면 음악은 생기를 잃고 기계적으로 들릴 것입니다.

음악에 색채를 더하는 한 가지 방법은 다양한 크기의 소리로 연주하는 것입니다.

𝑓 : 포르테 (forte), 세게   **𝑝** : 피아노 (piano), 여리게

연습 4.

셈여림표에 맞게 연주하세요.

𝑓 에서는 숨을 많이 내쉬고, **𝑝** 에서는 숨을 적게 내쉽니다.

슬러 주법

지금까지는 모든 음에 '투 – '를 하며 텅잉을 했습니다. 하지만 모든 음에 텅잉을 하면 부드러운 선율을 연주할 수 없기 때문에 음악이 끊어지는 것처럼 들릴 수 있습니다.

여러 음을 슬러로 연주하면 음악이 부드러워집니다. 슬러를 연주할 때는 시작음에만 텅잉을 합니다. 나머지 음은 텅잉 없이 운지만 바꿉니다. 슬러 기호인 이음줄은 붙임줄과 똑같이 생겼지만 서로 다른 높이의 음들을 연결한다는 점이 다릅니다.

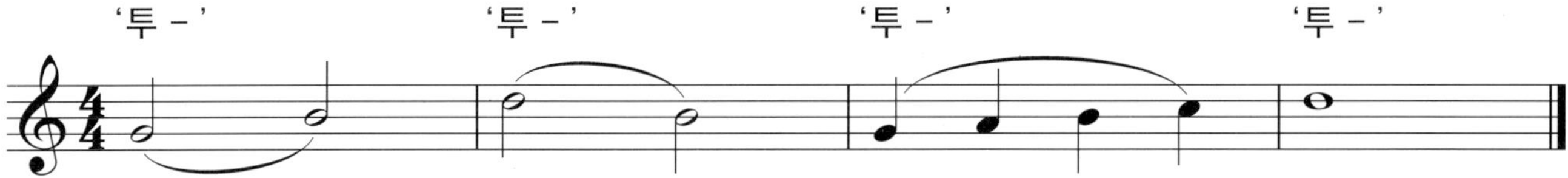

연습 5. 두 음 슬러

첫 음에만 텅잉을 합니다. 두 번째 음까지 호흡을 잃지 않도록 유의하세요.

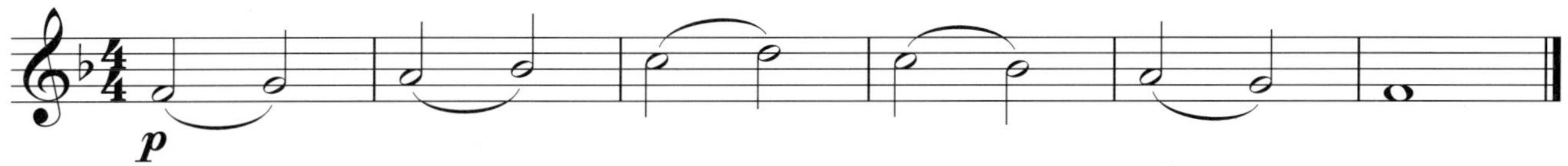

연습 6.

한 번에 세 음을 슬러로 연주합니다. 천천히 1, 2, 3박을 세면서 연주하세요.

연습 7.

레슨 2의 '뱃노래'를 다시 연주해보세요. 슬러와 셈여림표를 지켜 연주하면 훨씬 더 자장가처럼 들릴 것입니다.

19-20 When The Saints Go Marching In (성자의 행진)

21-22 Joshua Fought The Battle Of Jericho (여리고의 전투) * 흑인 영가

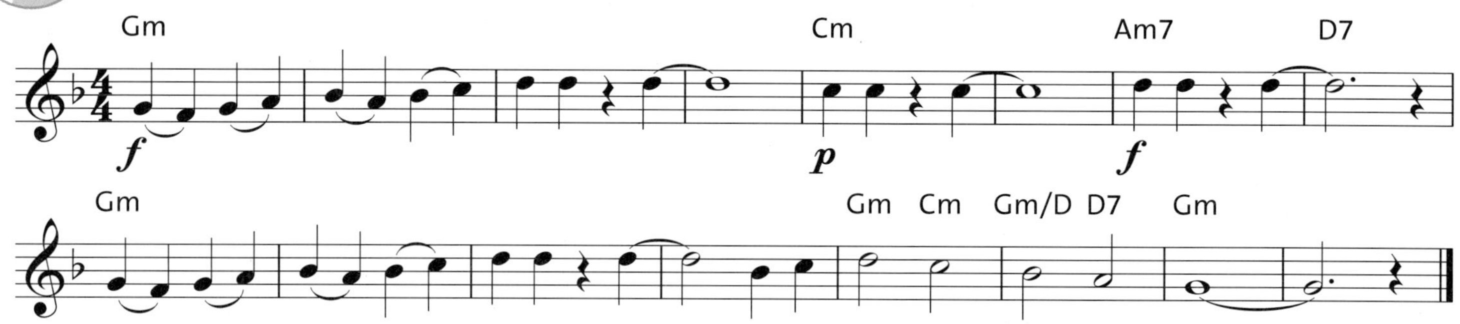

* 흑인 영가: 아프리카에서 노예로 끌려간 흑인들이 만들어 부르던 노래

23-24 Coventry Carol (코벤트리 캐롤)

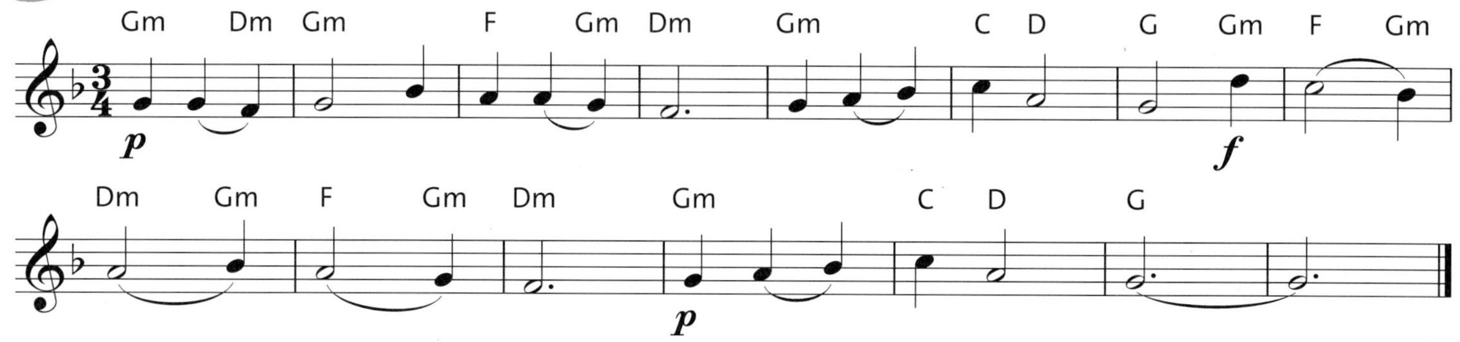

Canon For Two (두 명을 위한 캐논)

두 번째 연주자는 한 마디 뒤에 시작합니다.

goals:

1. E음과 중음 영역의 F음
2. 옥타브
3. 도돌이표
4. F장조 음계

E음

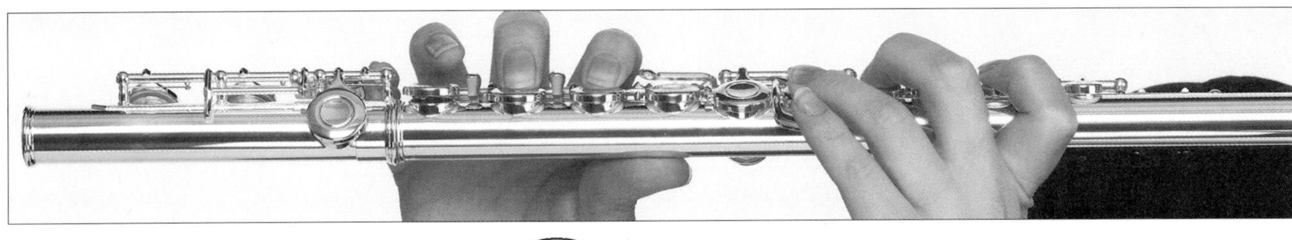

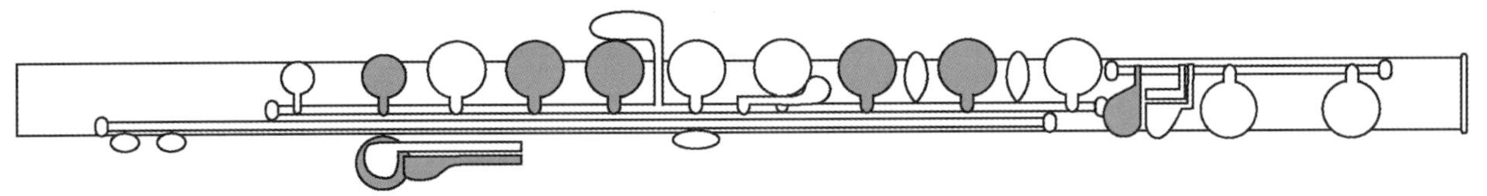

저음 영역을 불 때는
바람의 방향을 아래로
보내고 불고, 중음 영역을
불 때는 방향을 얼굴
정면으로 합니다.
단, 저음 영역을 불더라도
고개를 밑으로 숙여서는
안됩니다.

중음 영역의 F음

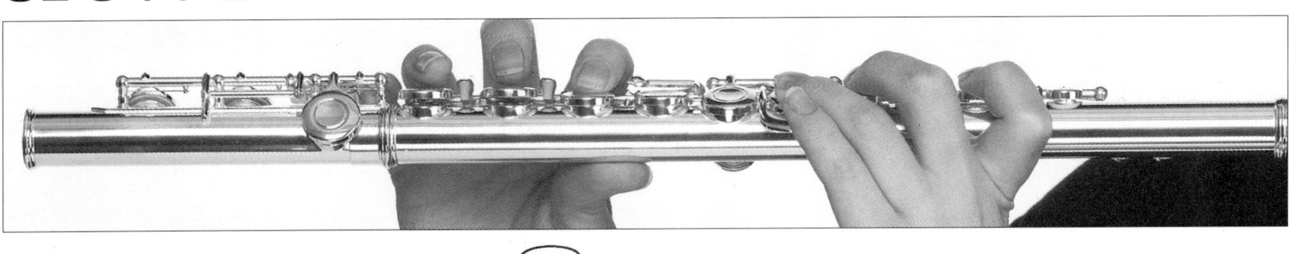

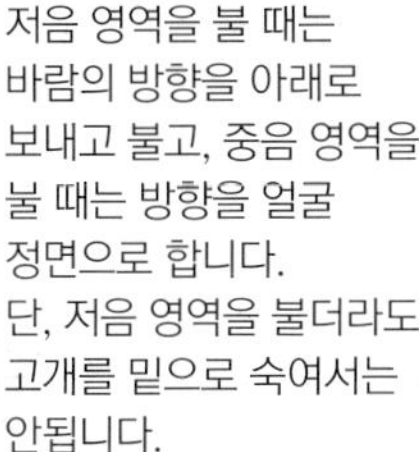

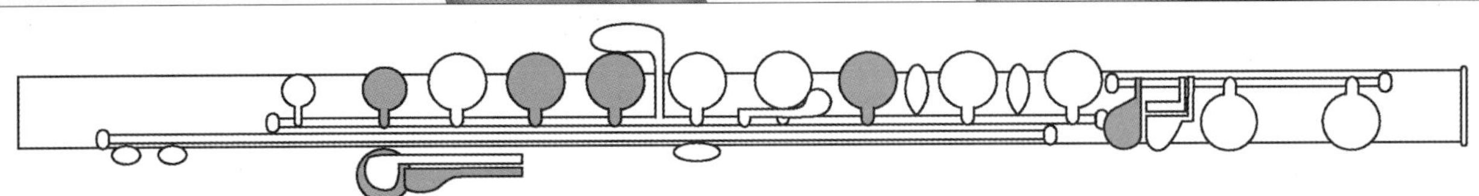

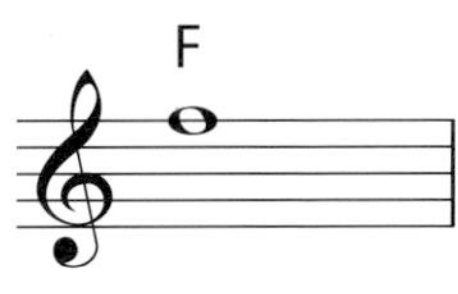

연습 1.

아래 악보에서 음이름이 같은 음들은 서로 한 옥타브(8음)만큼 떨어져 있습니다. E, F음들을 서로 비교해보세요.

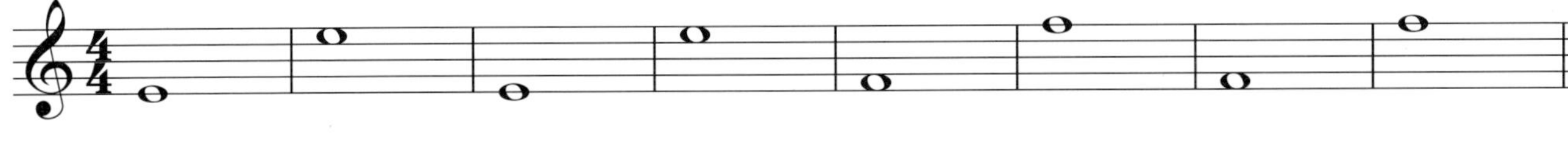

D음에서 새끼손가락을
드는 것을 기억하세요.
E와 F음에서는 다시
새끼손가락을 누릅니다.

연습 2.

운지를 자연스럽게 하기 위해서는 많은 연습이 필요합니다.
이 연습곡을 매일 꾸준히 연습하세요. 텅잉과 슬러 모두 연습하세요.
점이 두 개 찍힌 겹세로줄은 도돌이표입니다. 도돌이표는 곡 처음으로, 또는 앞의 도돌이표로 되돌아가서 한 번 더
연주하라는 뜻입니다.

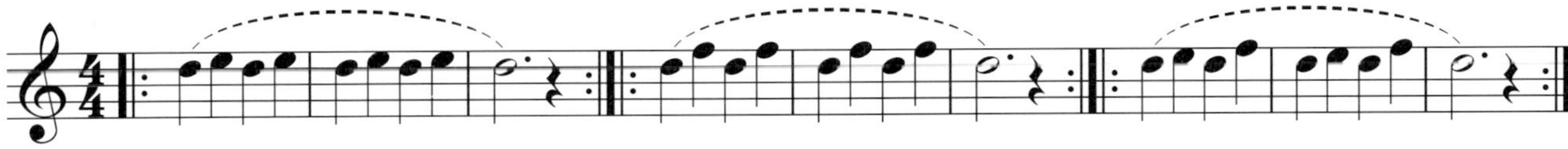

연습 3. F장조 음계

다음은 F장조의 구성음입니다.

25 · *Barcarolle* (뱃노래)

Offenbach

새로운 조로 연주해보세요.
연주하기에는 아랫단이 쉽지만, 윗단도 많은 연습이 될 것입니다.

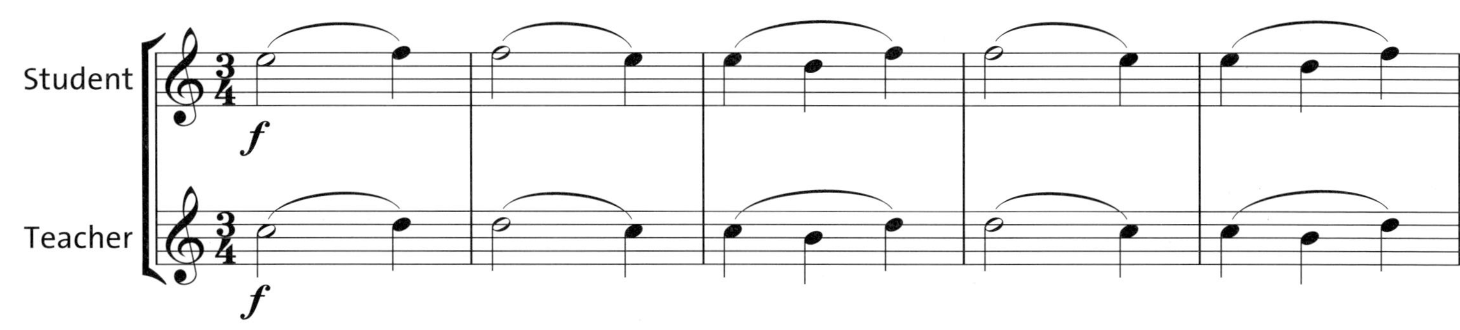

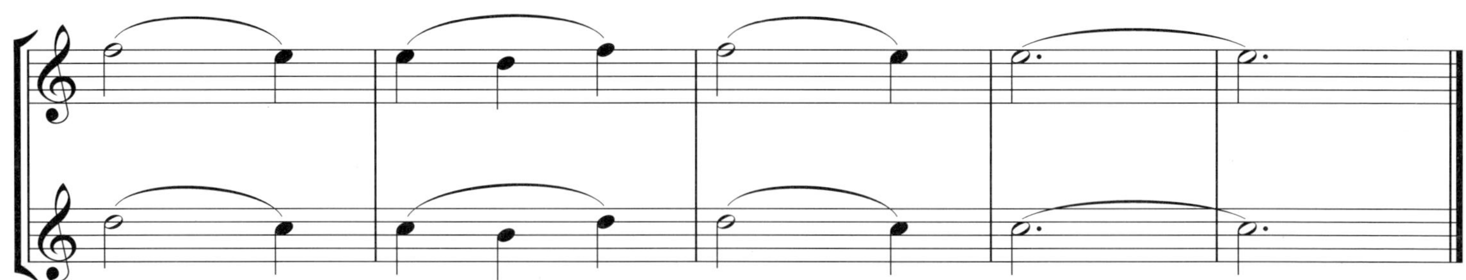

26 · *Abide With Me* (함께 하소서)

Monk

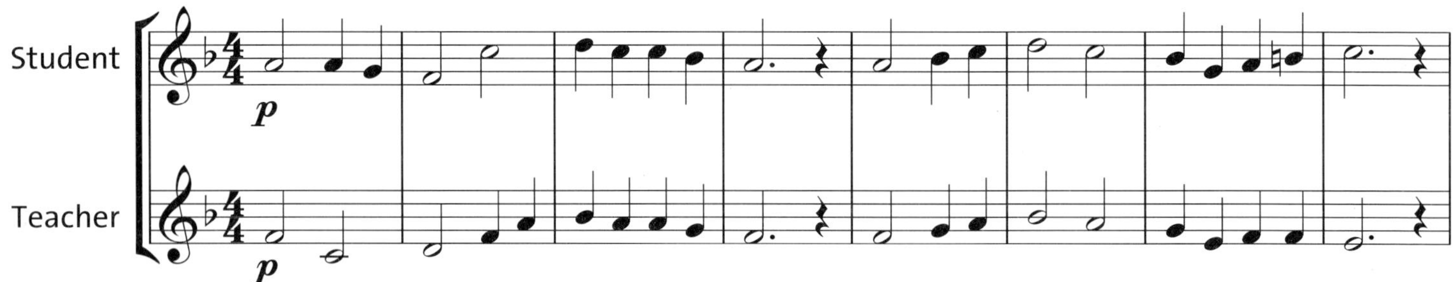

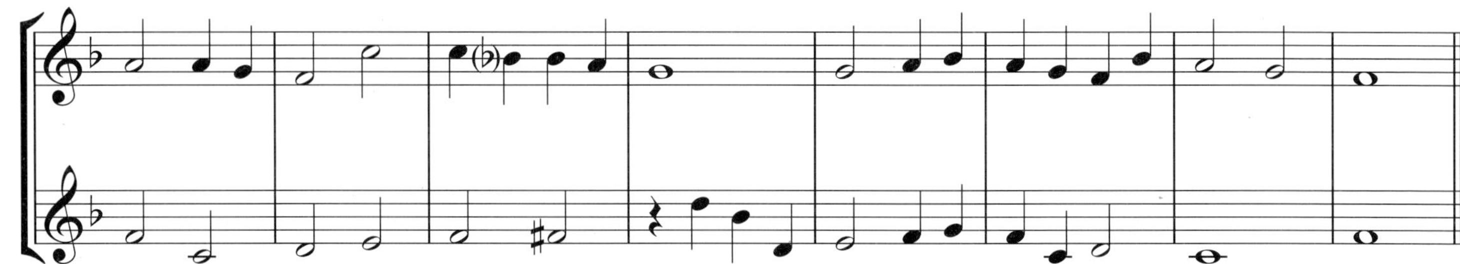

레슨 5를 위한 연주곡

Juggling (저글링)

27-28

My Favourite Waltz (내가 가장 좋아하는 왈츠)

29-30

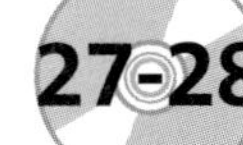

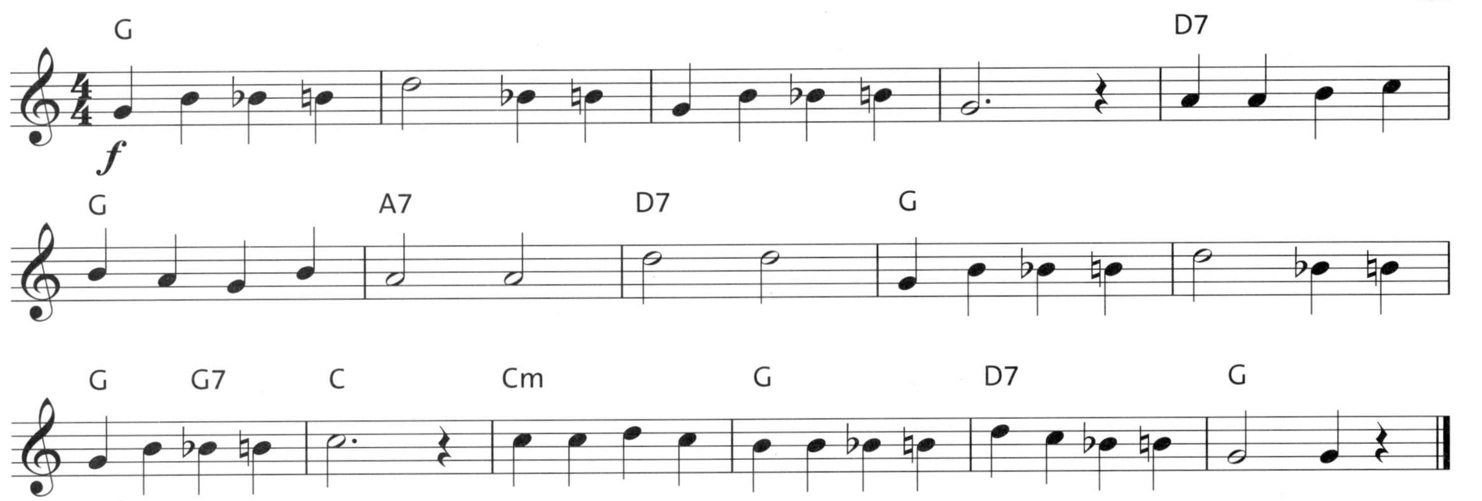

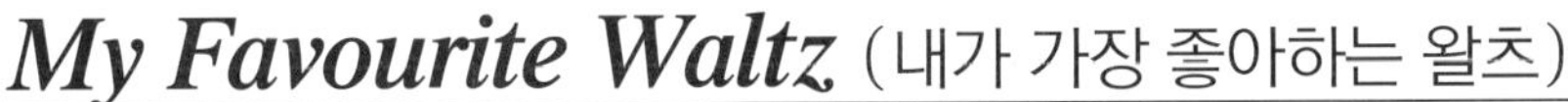

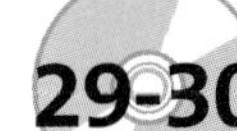

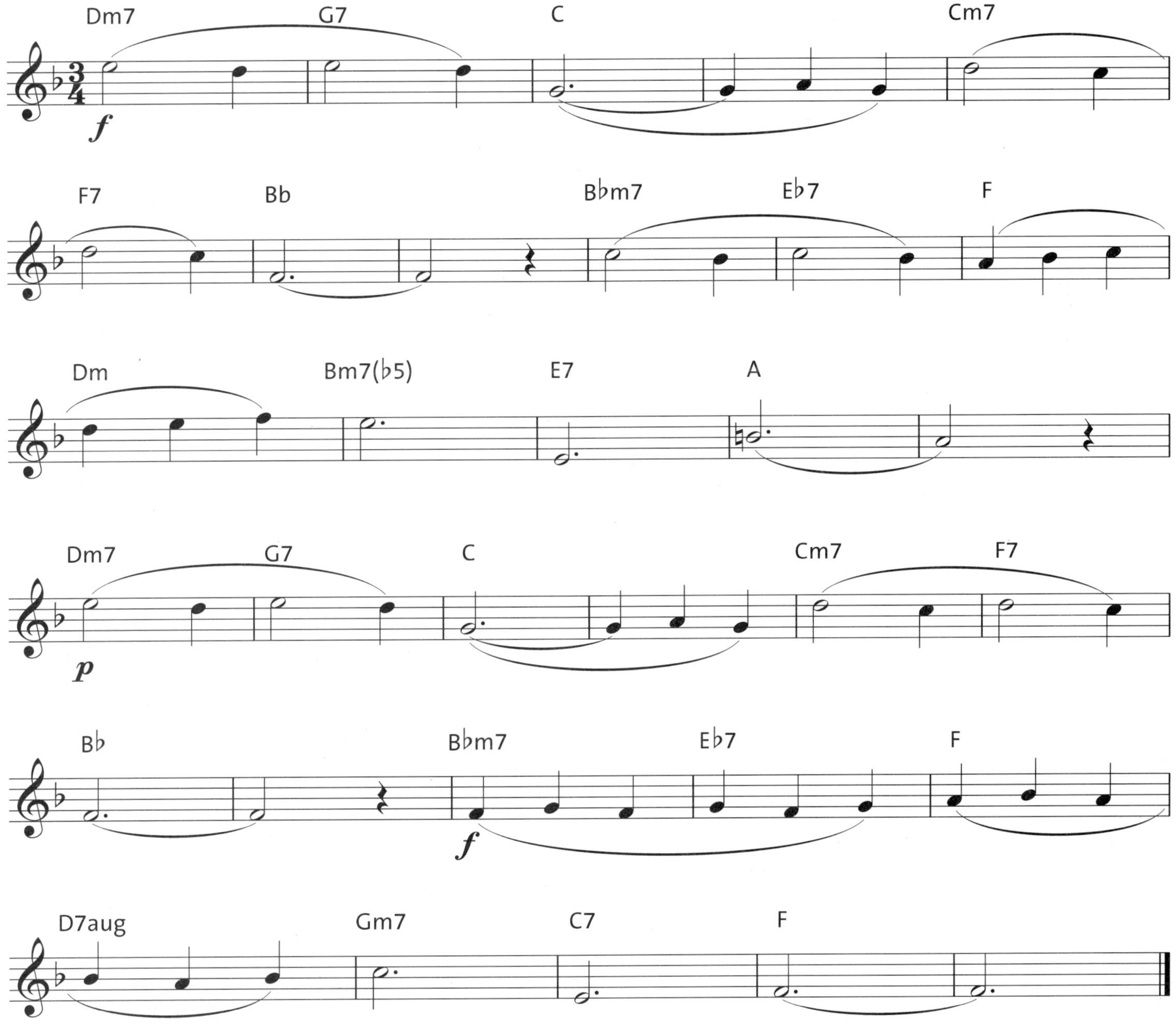

레슨 5를 위한 연주곡

31·32 *Minuet* (미뉴엣)

연주 확인!

텅잉을 게을리 하지 마세요.
아티큘레이션을 잘 해야 깨끗한 소리가 난답니다.

Lesson 1 ~ 5

1. 음의 길이

다음 길이의 음표를 그리세요.

4박   2박   1박   3박

(4)

2. 쉼표

다음 길이의 쉼표를 그리세요.

4박   2박   1박   3박

(4)

3. 음표와 음이름

다음의 음들을 2분음표로 그리세요.

G   B   E   C   중음 F   중음 D   B♭

(8)

4. 음계

F장조 조표와 음계를 그리세요.

(2)

5. 마디

박자표를 잘 보고 세로줄을 그리세요.

(7)

Total (25)

goals:

1. F♯음
2. ♯과 ♮

F♯음

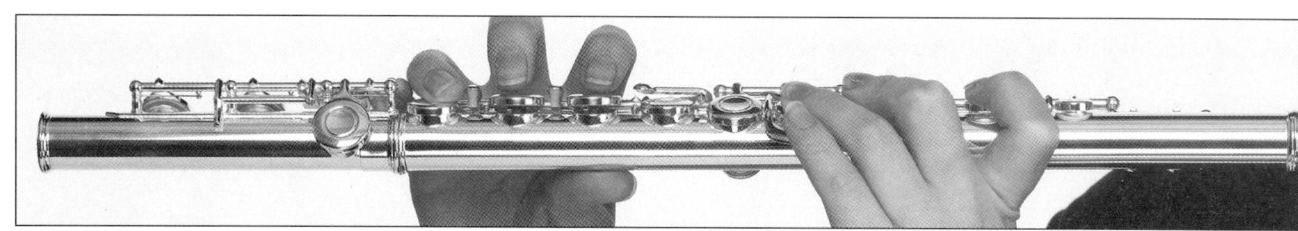

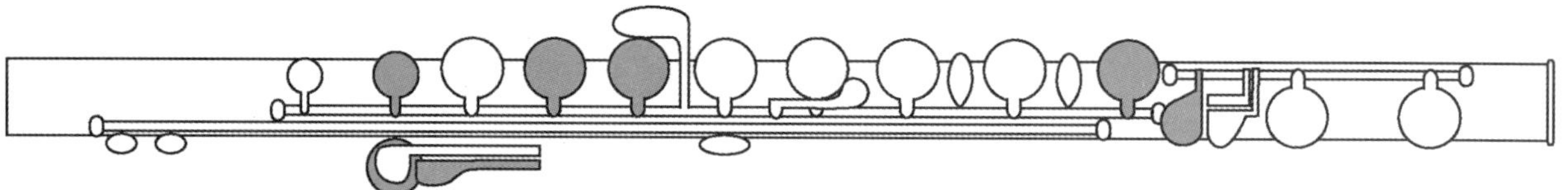

샵 (♯, 올림표)은 음을 반음 높여줍니다.
F♯은 F보다 반음 높고 G보다는 반음 낮습니다.

연습 1.

F♯과 G음이 얼마나 가까운지 들어보세요.

연습 2.

E에서 F♯으로, D에서 F♯으로 진행할 때 운지가 까다로우니 여러 번 연습하세요.

연습 3. 옥타브 연습

입모양을 유지하며 연주하세요.
어떤 음에 ♯이 붙으면 그 마디 끝까지 ♯을 붙여 연주합니다. 하지만 마디 중간에라도 그 음에 제자리표 (♮)가 나오면, 다시
원래 음으로 연주합니다.

레슨 6을 위한 연주곡

Steal Away (본향으로 가리)

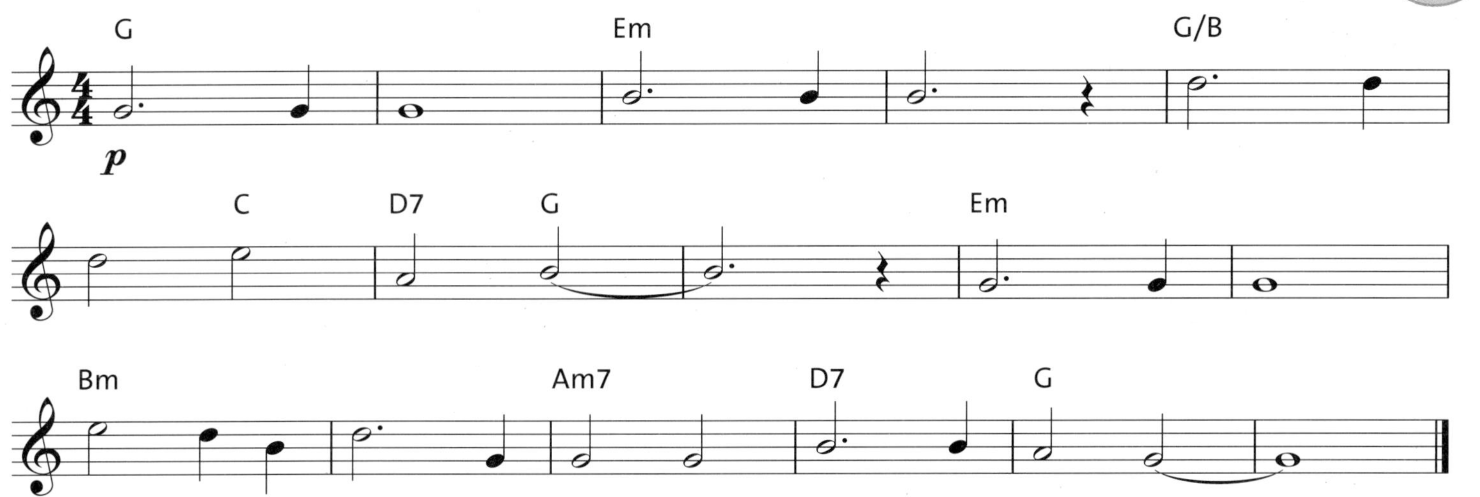

Sea Song (바다의 노래)

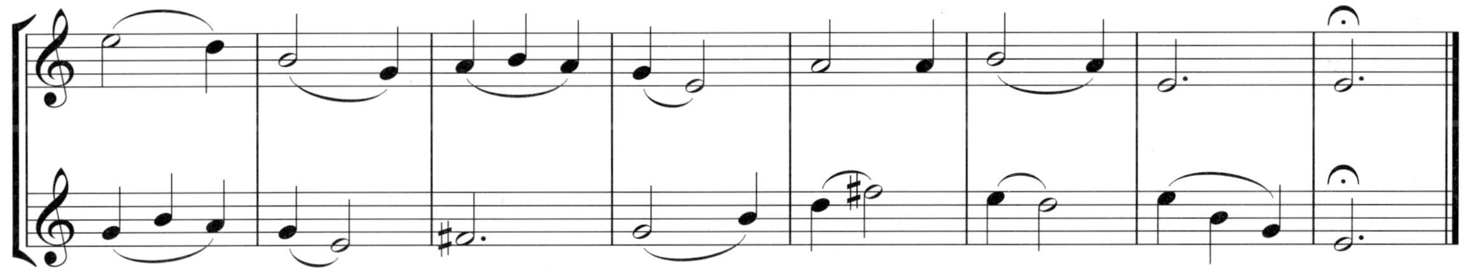

Finger Blues (손가락 블루스)

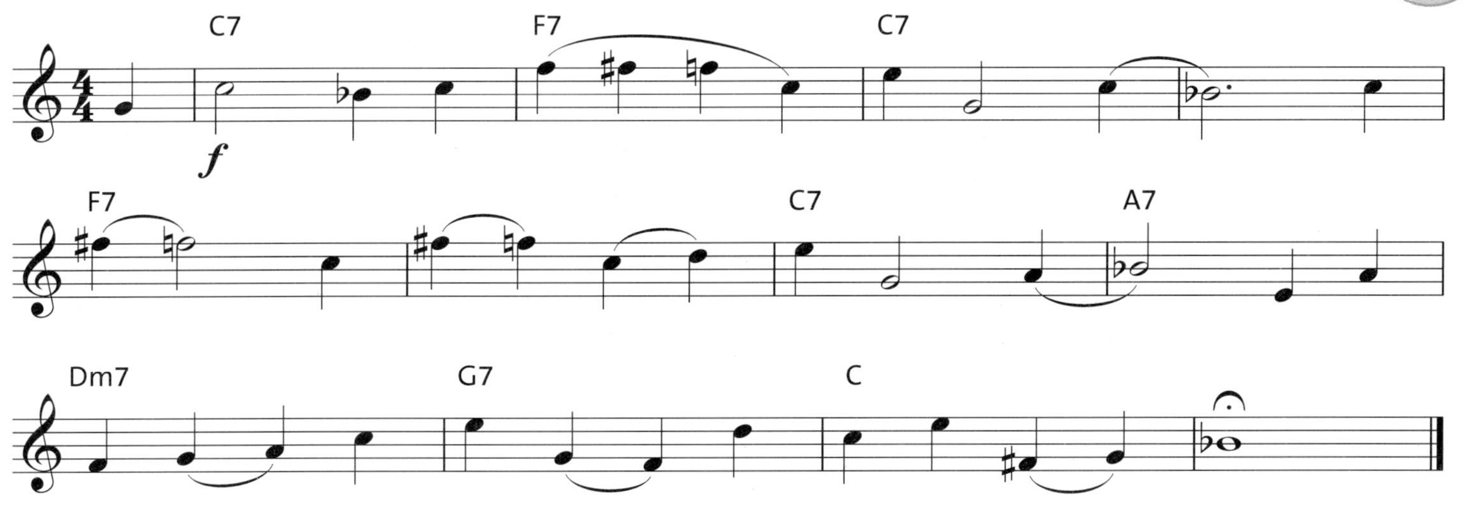

Lesson 7

goals:

1. 중음 영역의 G음과 저음 영역의 D음
2. 커먼타임 (Common time)
3. G장조 음계
4. 아르페지오
5. D.C. al Fine (다 카포 알 피네)

중음 영역의 G음

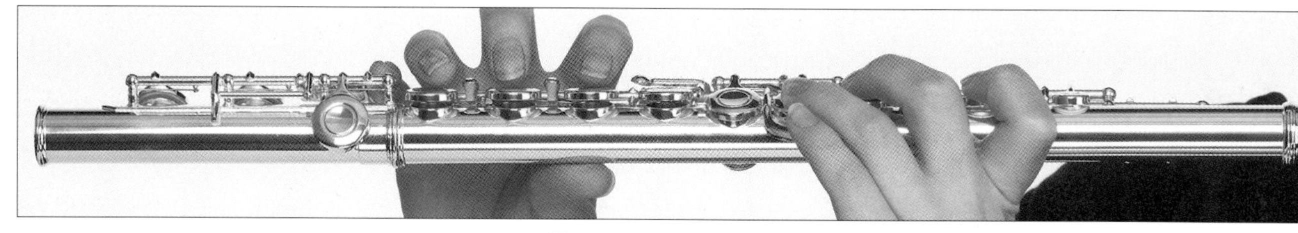

저음 영역의 D음

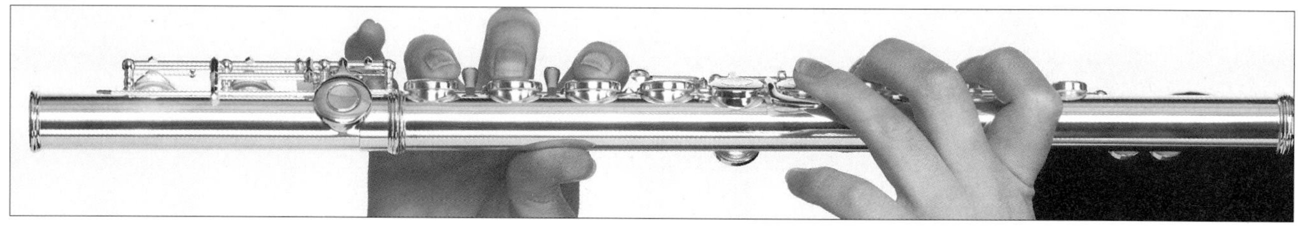

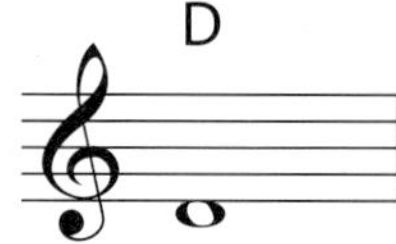

연습 1.

호흡을 일정하게 유지하면서 D음까지 내려가 보세요.
D음에 도착할 때까지 새끼손가락을 계속 누르고 있어야 합니다.

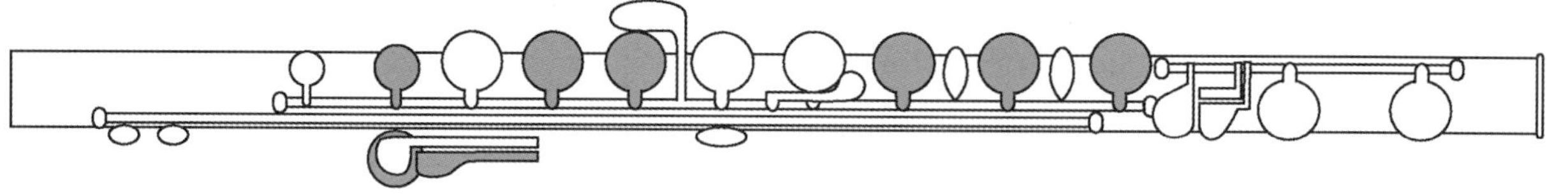

연습 2.

낮은 음은 강하게 소리 내기 힘듭니다. 입김을 불듯 목구멍을 열고 연주하세요.
악보의 **C** 기호는 **커먼타임** (common time)의 약자입니다. 커먼타임은 **4/4**박자와 같습니다.

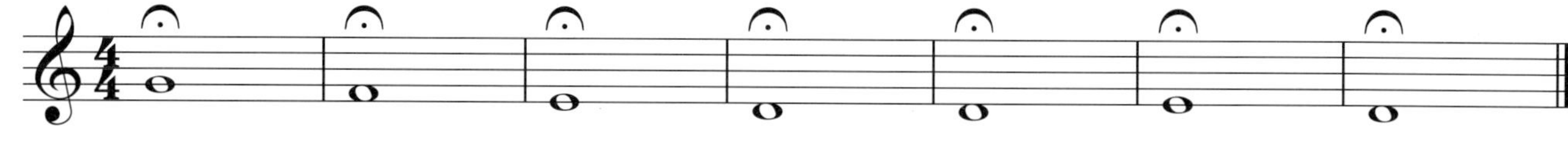

연습 3.

G장조 음계와 * 아르페지오 (분산화음)를 연주해보세요. G장조 음계에서는 F 대신 F♯음이 사용됩니다.

* 아르페지오: 음계의 1, 3, 5, 8번째 음을 차례로 연주하는 것

O Come All Ye Faithful (참 반가운 신도여)

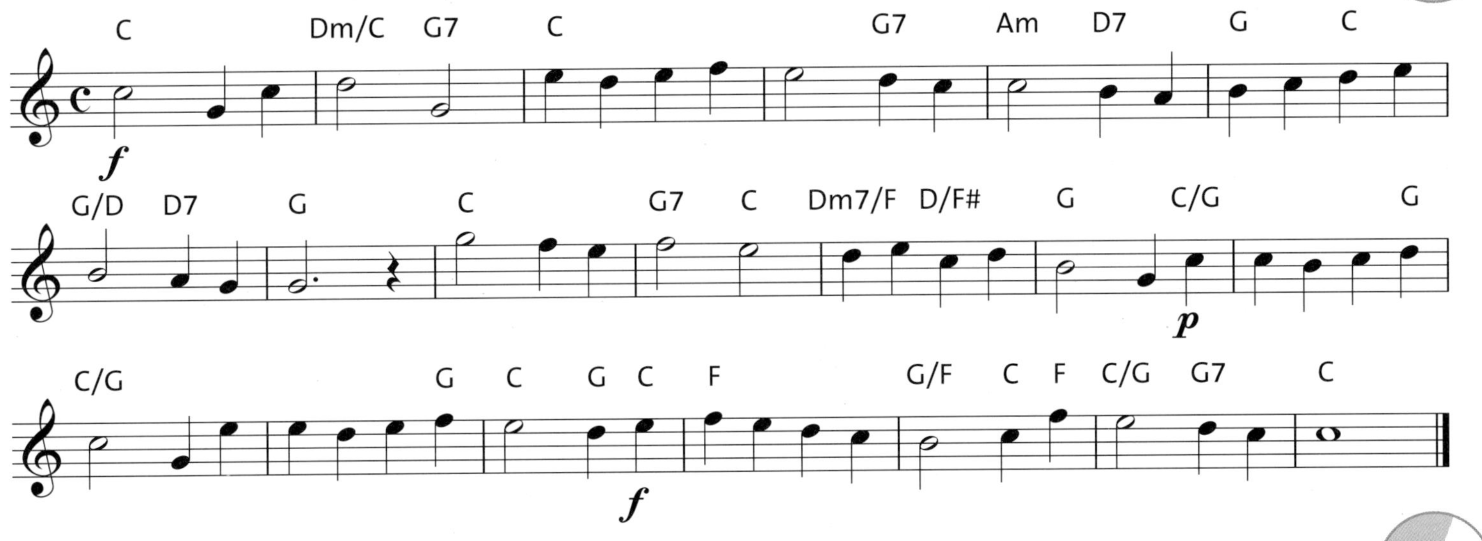

Skye Boat Song (스카이의 뱃노래)

스코틀랜드 민요

D.C al Fine는 처음으로 돌아가서 Fine까지 연주하라는 뜻입니다. 도돌이표가 있는 마지막 단을 두 번 연주한 다음 처음으로 돌아가서 Fine가 있는 곳까지 연주하세요.

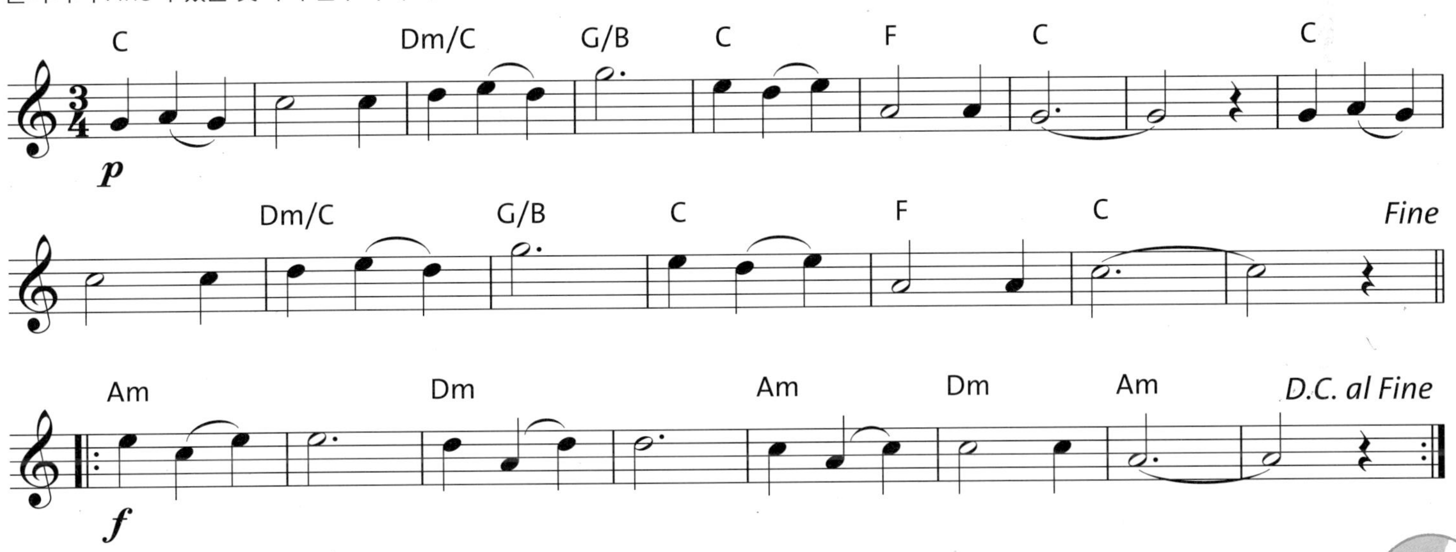

Scarborough Fair (스카보로 페어)

영국 민요

윗단과 아랫단 중 하나를 선택하여 연습하세요. 두 단을 모두 연주해도 좋습니다!

29

goals:

1. 중음 영역의 C♯음
2. 8분음표와 8분쉼표
3. D장조 음계
4. 빠르기말

중음 영역의 C♯음

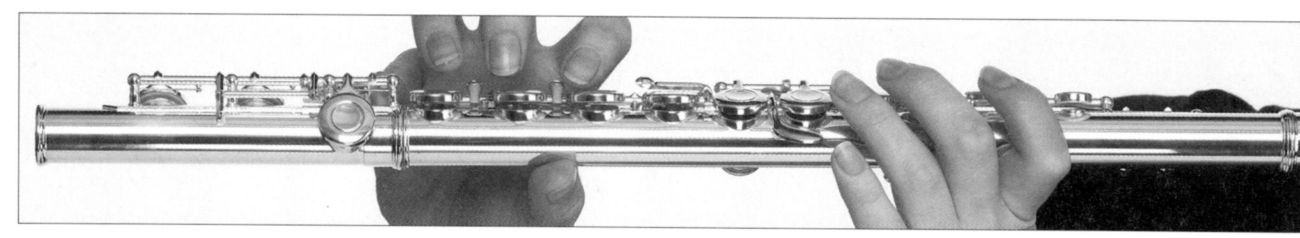

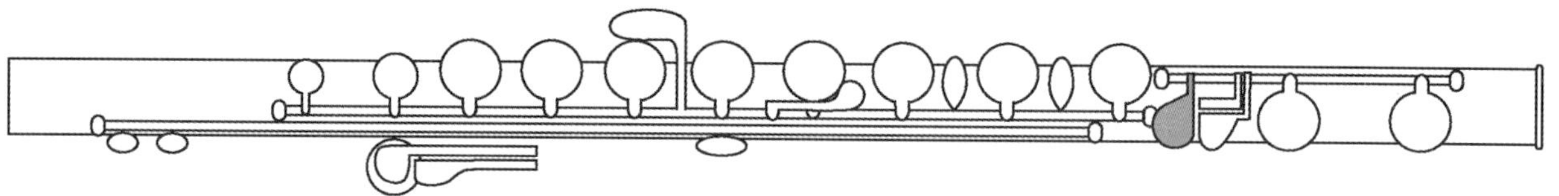

연습 1.

C♯에서 D음으로 진행할 때 운지가 까다롭습니다.

Tip

8분음표와 8분쉼표

지금까지 4박 길이의 온음표와 2박 길이의 2분음표, 1박 길이의 4분음표를 배웠습니다.
두 음표를 붙임줄로 연결하거나 음표 옆에 점을 찍어 음의 길이를 늘이는 법도 배웠습니다.

8분음표와 8분쉼표는 4분음표의 절반 길이입니다.

8분음표와 8분쉼표

8분음표 2개 묶음 (1쌍이 1박)

연습 2. 두 배씩 빠르게!

너무 빠른 속도로 시작하지 말고, 속도를 일정하게 유지하세요.

8분음표 4개 묶음 (2박)

연습 3. 3박자 연습

처음보는 악보를 연주하는 초견은 음악가에게 중요한 기술입니다.

연습 4. D장조 음계

텅잉과 슬러로 연습하세요.

레슨 8을 위한 연주곡

Yankee Doodle (양키 두들)

한 마디에 2박이 들어가는 곡입니다. 악보 위의 * 빠르기말(Tempo & character marking)을 보세요.

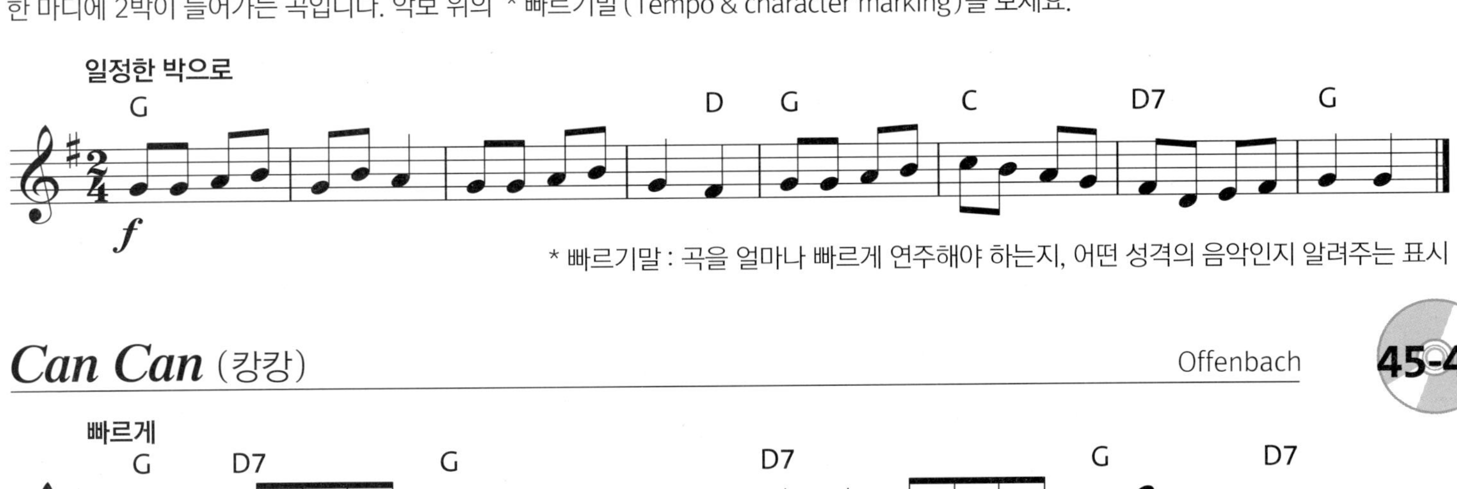

* 빠르기말 : 곡을 얼마나 빠르게 연주해야 하는지, 어떤 성격의 음악인지 알려주는 표시

Can Can (캉캉)

Offenbach

Nessun Dorma (공주는 잠 못 이루고)

Puccini

Der Vogelfanger bin ich ja (나는야 새잡이) 《마술 피리》에서

Mozart

Swing Low, Sweet Chariot (흔들리는 마차)

흑인 영가

goals:

1. 중음 영역의 A음
2. 점4분음표
3. 못갖춘마디

중음 영역의 A음

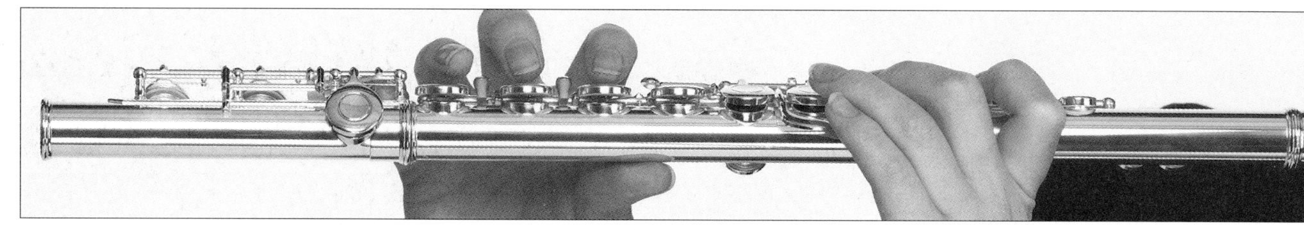

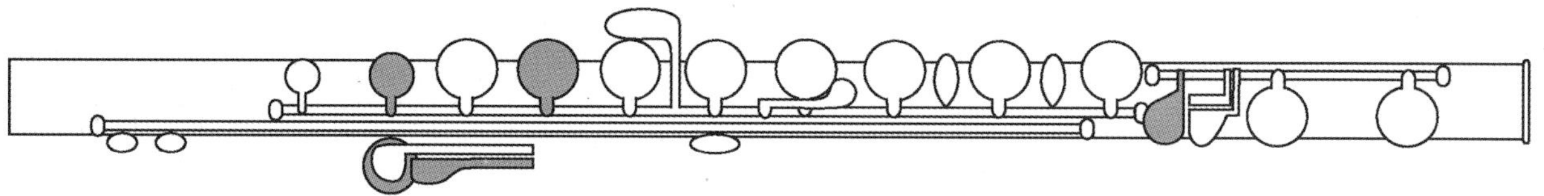

연습 1.

음을 최대한 길게 연주하세요. 연습은 항상 긴 음표부터 하는 것이 좋습니다.

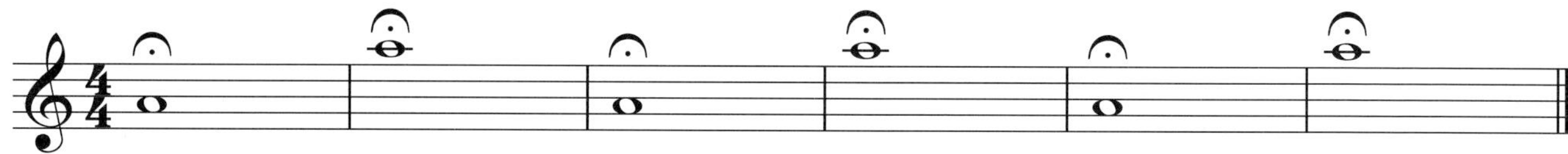

연습 2.

옥타브 * 도약 연습입니다. 낮은 음역과 중음 영역 모두 깨끗한 소리가 나도록 천천히 연습하세요.
바람의 세기가 아니라 입모양을 조절해야 한다는 것을 잊지 마세요.

* 도약: 바로 다음 음으로 진행하지 않고 여러 음을 건너뛰는 것

점4분음표

Tip

음표를 붙임줄로 연결하는 대신 점음표를 사용하기도 합니다. 붙임줄이 많이 있는 것보다 악보가 단순해서 읽기 편하기 때문입니다.

2분음표 옆에 점이 있으면 3박이 된다는 것을 앞에서 배웠습니다.
4분음표도 옆에 점이 있으면 음의 길이가 1.5배 늘어납니다.
그래서 점4분음표는 8분음표 2개가 아닌 3개의 길이가 됩니다.

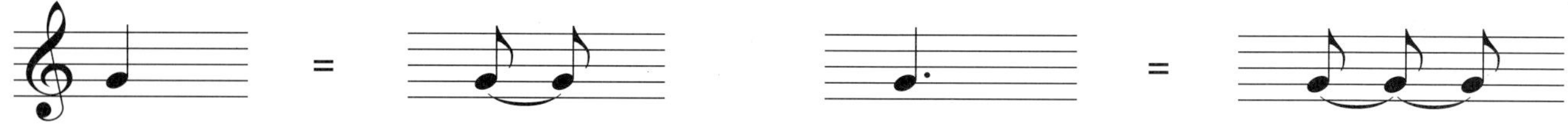

연습 3.

천천히 연주하며 8분음표의 박을 세어보세요. 글을 읽듯 자연스럽게 리듬을 읽을 수 있도록 연습하세요.

연습 4.

여러 번 반복해서 연습하세요. 연습할 때마다 조금씩 빠르게 하다보면 8분음표를 하나하나 세지 않아도 리듬을 느낄 수 있게 될 것입니다.

연습 5.

자주 사용되지만 조금 까다로운 리듬을 위한 연습입니다.
한 마디에 3박이 들어가는 곡입니다.

레슨 9를 위한 연주곡

Auld Lang Syne (작별)

스코틀랜드 민요

《작별》은 1박 길이의 짧은 마디 (못갖춘마디)로 시작하는 곡입니다.
이 박은 마지막 마디의 마지막 박을 가져온 것입니다. 그래서 곡 시작부분에 못갖춘마디가 있으면 곡의 끝 부분에도
불완전한 마디가 있습니다. 이 두 마디를 합하면 하나의 완전한 마디가 됩니다.

레슨 9를 위한 연주곡

Allegro (from Spring) (알레그로)《사계》중 '봄'에서

Vivaldi

알레그로(Allegro)는 이탈리아어로 '빠르게' 라는 뜻이며, 음악에서 빠르기말로 자주 사용됩니다.
선율은 윗단에 있지만 듀엣 연주를 위해 아랫단을 연습해도 좋습니다.

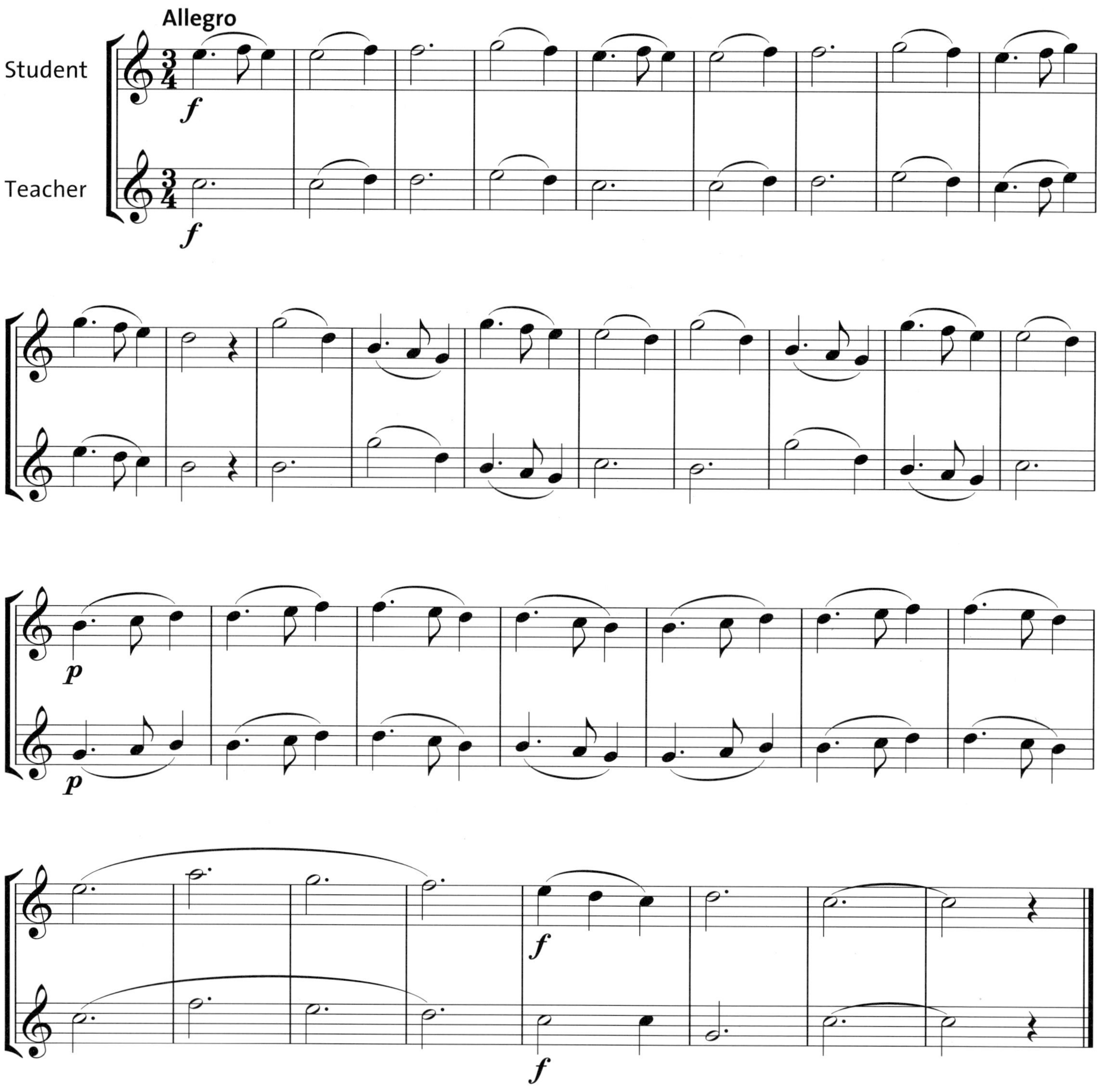

goals:

1. 좋은 소리 만들기
2. 셈여림표: *mp*와 *mf*

좋은 소리 만들기

좋은 소리를 내기 위해서는 긴 음표들을 **매일** 연습하는 것이 중요합니다.
연습을 매일하면 입모양과 자세, 복식호흡도 좋아지고 체력과 좋은 소리를 내는 데 필요한 근육을 만들 수 있기 때문입니다.

연습 1.

음을 최대한 길게 연주하세요. 한 음을 연주한 뒤에는 잠시 쉬었다가 다음 음으로 넘어가세요.

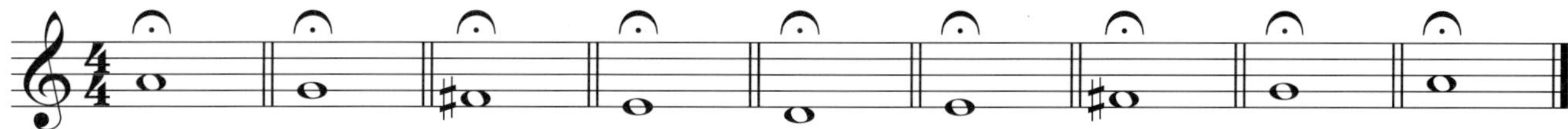

연습 2.

중음 영역에서는 깨끗한 소리를 내기가 어렵습니다. 잡음을 없애고 최대한 또렷하게 소리 내는 연습을 하세요.

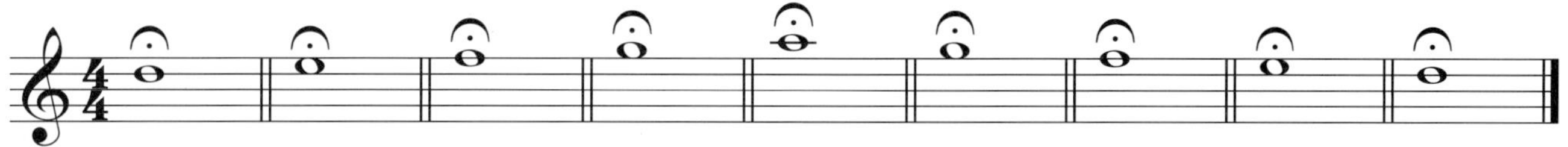

연습 3.

저음 음역과 중음 영역의 음을 비교하면서 연습하세요. 소리의 크기와 음높이가 같아야 합니다.

셈여림표

앞에서 배운 *p* 와 *f* 사이에는 다양한 셈여림표가 있습니다. *mp* 는 조금 여리게, *mf* 는 조금 세게 연주하라는 뜻입니다.
이때 *m* 은 mezzo (메조)의 약자인데, 메조는 이탈리아어로 '절반'이라는 뜻입니다.

연습 4.

셈여림표를 지켜 연주해 보세요.

56-57 ***Hark! The Herald Angels Sing*** (천사 찬송하기를)

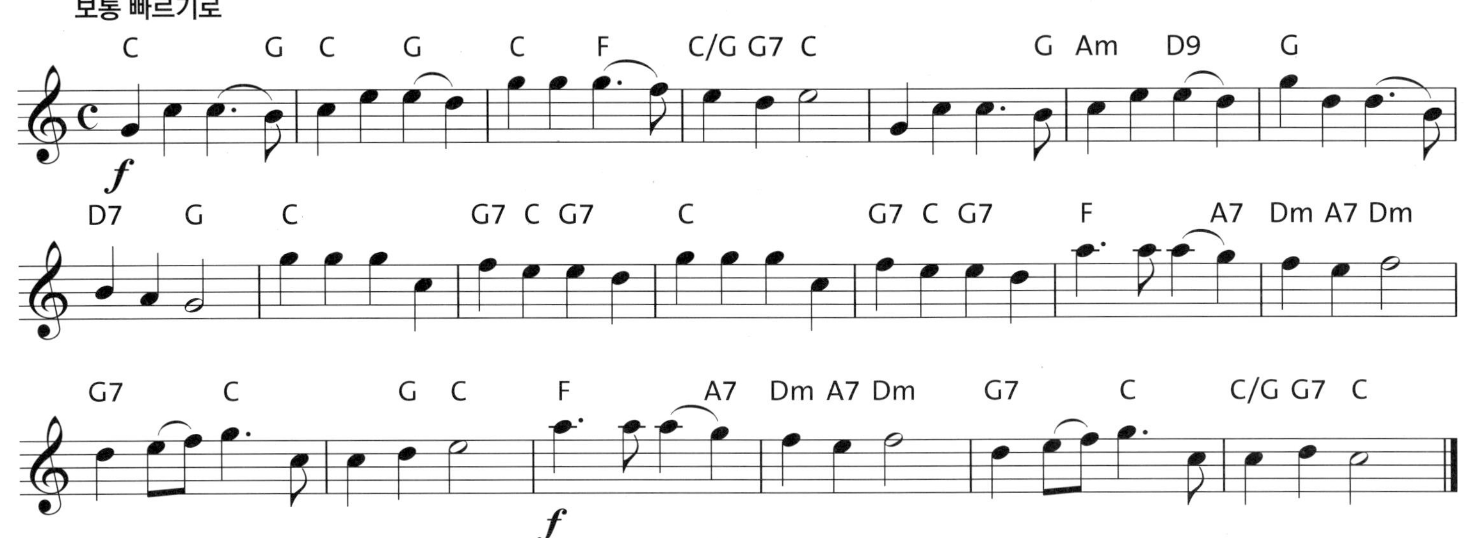

58-59 ***Dixie*** (딕시)

Emmett

Ode To Joy (환희의 송가) 《9번 교향곡》에서

Beethoven

윗단과 아랫단 중 하나를 선택하여 연주하세요.

Lesson 6 ~ 10

1. 음의 길이

알맞은 음표를 그려보세요.

8분음표 | 2박 길이의 8분음표 묶음 | 점4분음표 | 8분음표 6개와 같은 길이의 음표

(8)

2. 조표와 음계

G장조 조표와 음계를 그려보세요.

(4)

3. 음표와 음이름

다음 음을 4분음표로 그려보세요.

중음 **F♯**   중음 **A**   저음 **D**   저음 **E**

(4)

4. 셈여림표

다음 뜻에 알맞은 이탈리아어를 쓰세요.

조금 세게 _______________________

조금 여리게 _______________________

(4)

5. 음악용어

화살표가 가리키는 것의 이름을 쓰세요.

(5)

Total (25)

goals:

1. 중음 영역의 E♭과 B♭음
2. B♭장조 음계

중음 영역의 E♭음

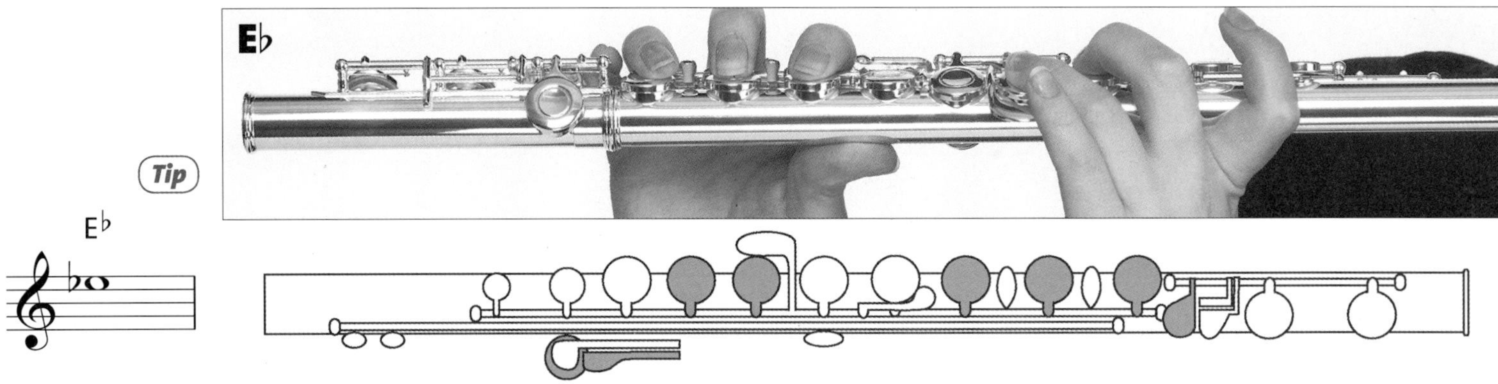

Tip

E♭

중음 영역의 B♭음

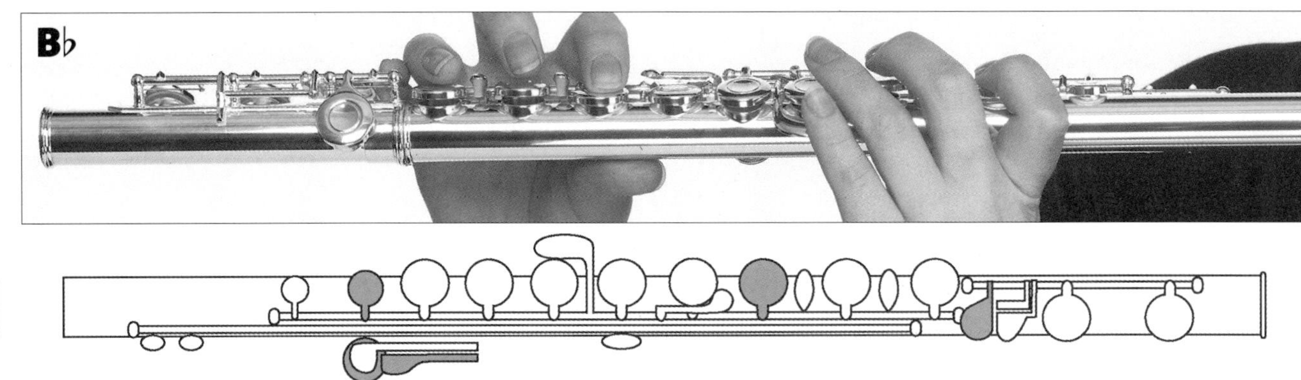

B♭

연습 1.

운지법을 정확히 지켜 연주하세요.
중음 영역의 D와 E♭음에서는 왼손 검지를 뗍니다.

연습 2. 반음 연습

반음 진행을 위한 연습입니다. 익숙해질 때까지 연습을 많이 하세요.

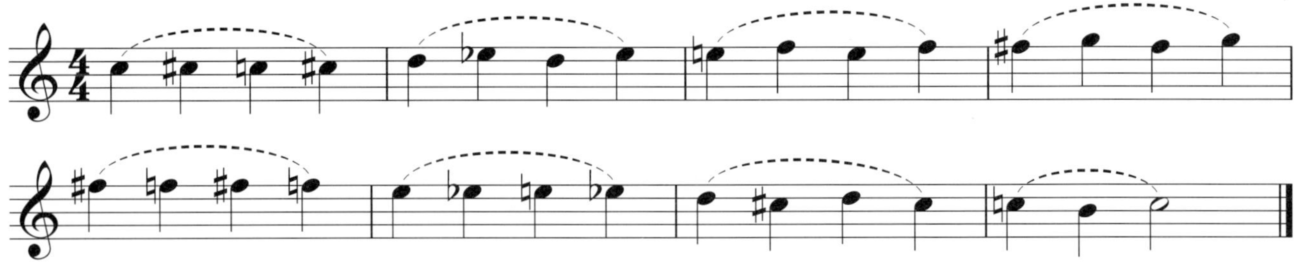

연습 3.

B♭장조의 음계와 아르페지오입니다. 조표를 잘 보고 연주하세요.

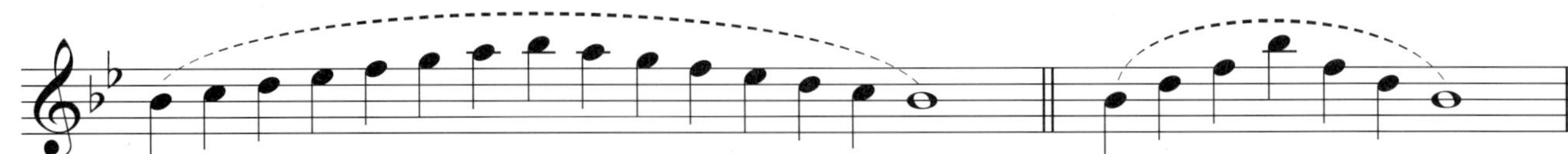

레슨 11을 위한 연주곡

Frère Jacques (안녕)

프랑스 민요

이 곡은 4명까지 함께 연주할 수 있습니다. 돌림노래로 연주할 때는 앞 사람이 두 마디를 연주한 후에 시작하세요.

Romance No.1 (로망스 1번)

Beethoven

침착하고 안정적인 소리를 유지하세요.

Can Can (캉캉)

Offenbach

이 곡은 Bb장조입니다. 레슨 8의 G장조 《캉캉》과 비교해보세요.

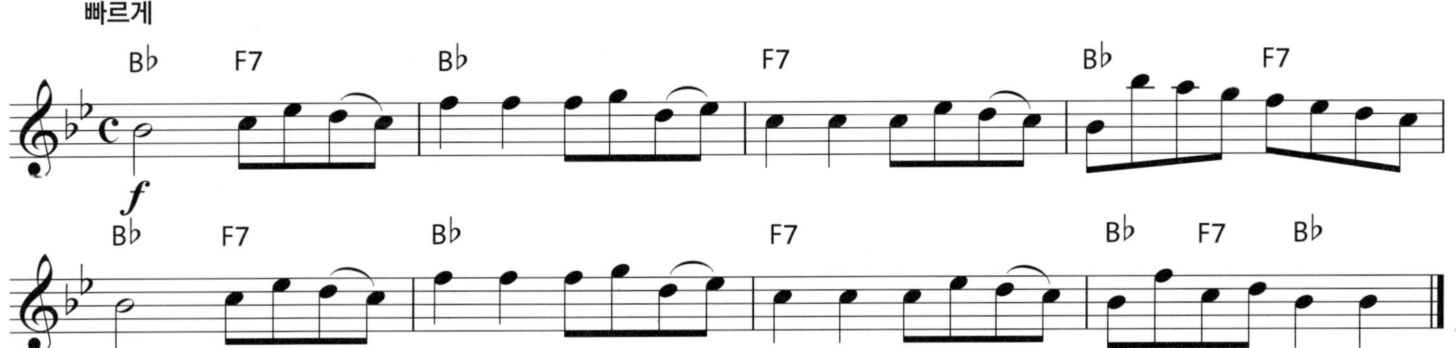

1. 중음 영역의 B와 C음
2. D.S. al Fine (달 세뇨 알 피네)

높은 음은 처음에는 음이 안 맞는 것처럼 들릴 수 있습니다. 안정적인 음색과 정확한 음을 내기 위해서는 정확한 입모양을 유지하는 것이 중요합니다.

중음 영역의 B음

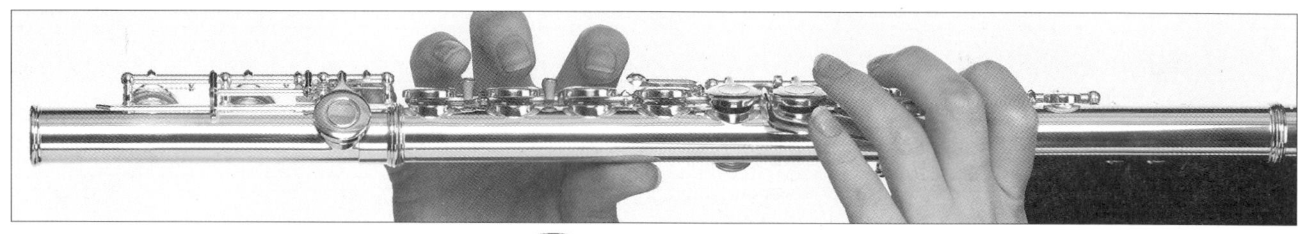

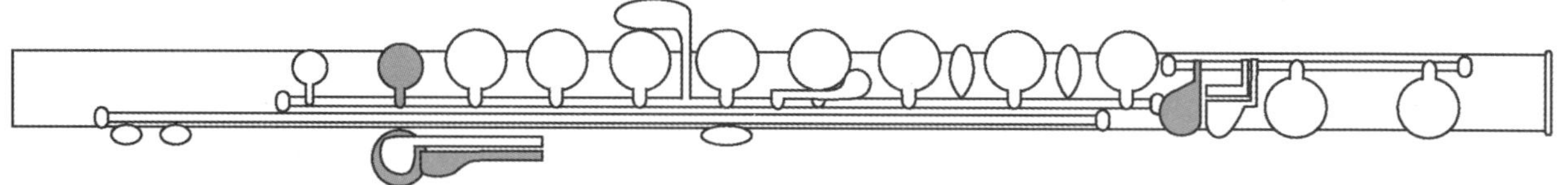

중음 영역의 C음

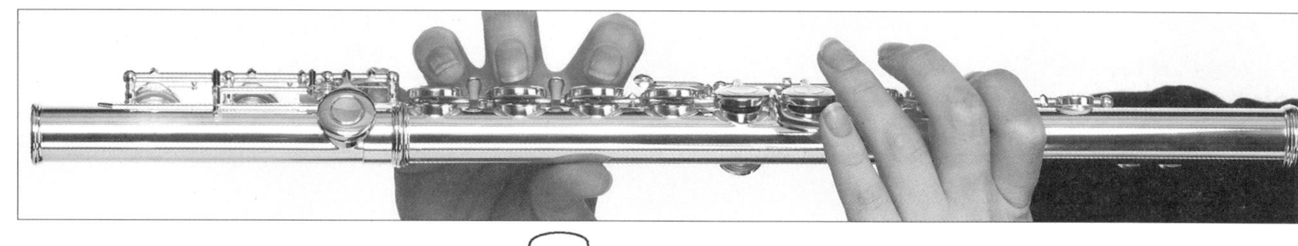

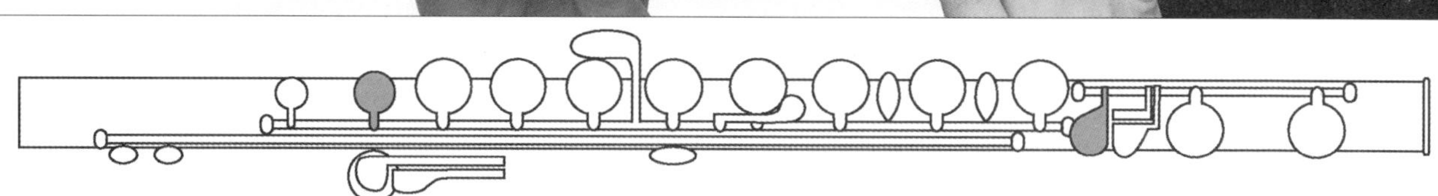

연습 1. 중음 영역 연습

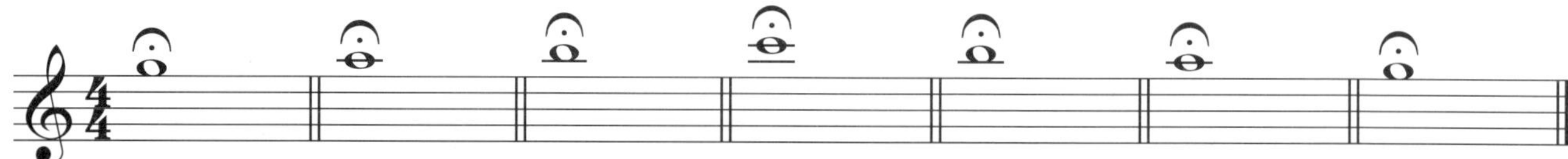

연습 2. 옥타브 슬러

옥타브 슬러를 자주 연습하세요.

연습 3. 높은 음 읽기

덧줄이 그려진 높은 음도 한 번에 읽을 수 있을 만큼 익숙해져야 합니다.

연습 4. C장조 음계와 아르페지오

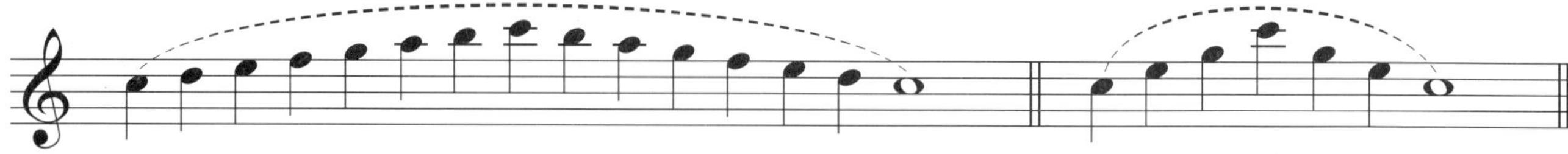

레슨 12를 위한 연주곡

When The Saints Go Marching In (성자의 행진)

65

《성자의 행진》을 연주할 때 1, 2라고 적힌 것은 첫 번째 마침과 두 번째 마침이라고 부릅니다. 처음부터 첫 번째 마침까지 연주한 다음, 앞의 도돌이표로 돌아가서 반복합니다. 반복할 때는 첫 번째 마침(1번)은 생략하고 바로 두 번째 마침(2번)으로 넘어가서 마칩니다.

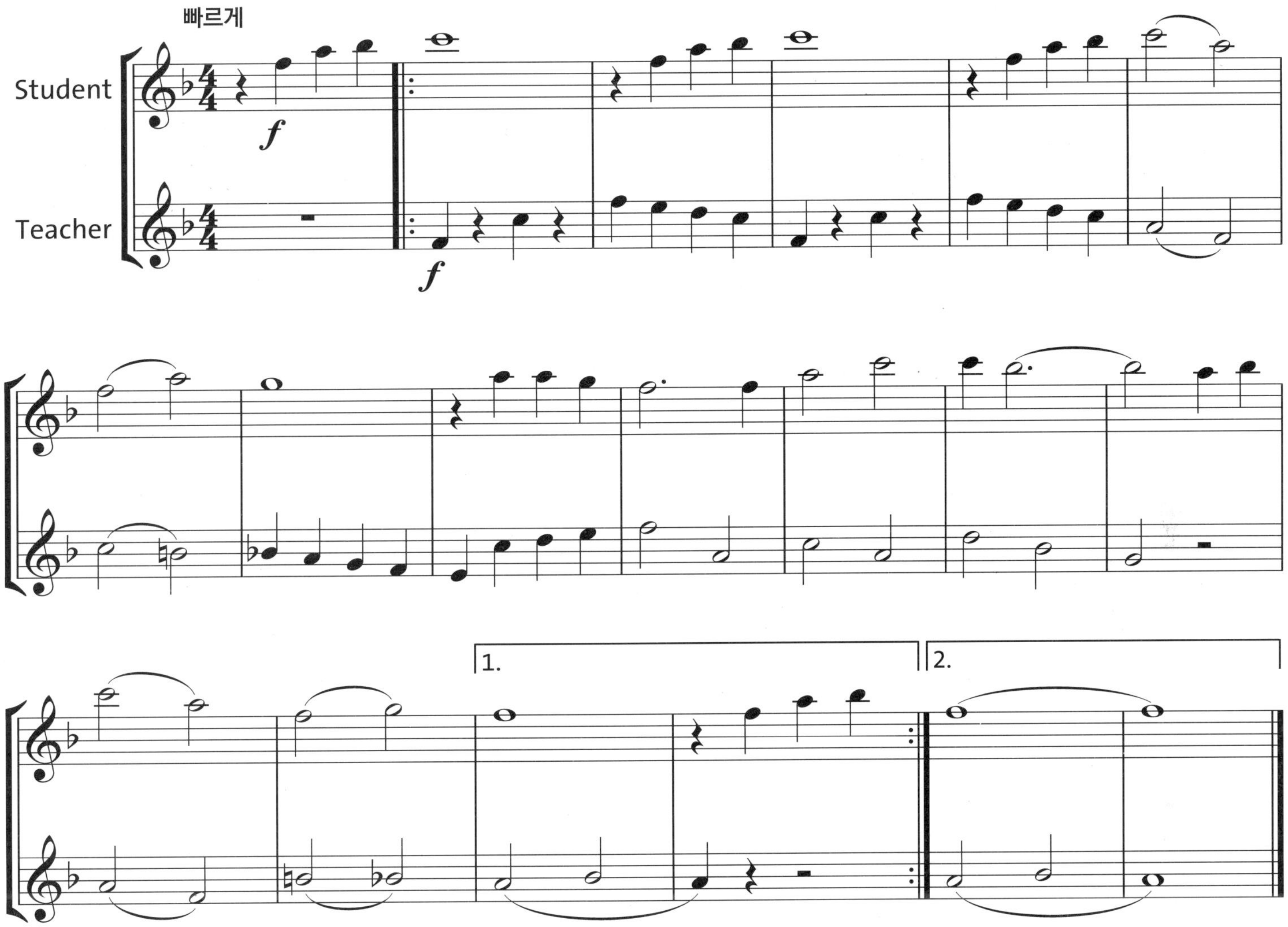

Reveille (기상나팔)

군대 음악

D.S. al Fine는 𝄋 기호로 돌아가서 Fine(끝)까지 다시 연주하라는 뜻입니다.

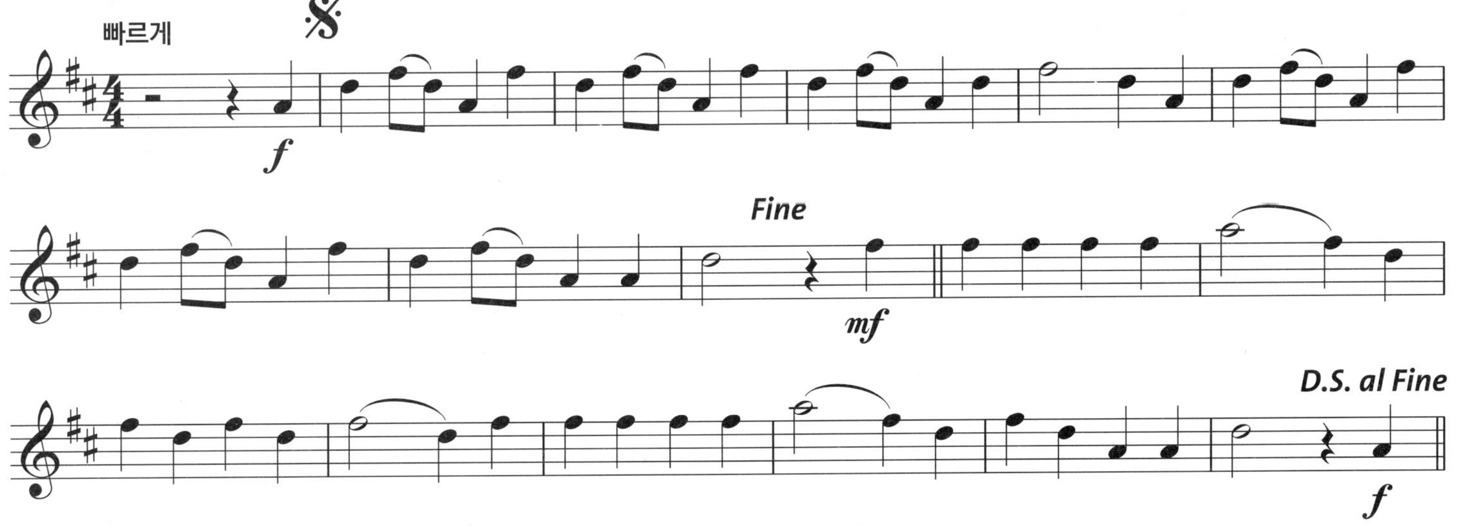

goals:

1. 저음 음역의 E♭음
2. 손가락 연습

저음 음역의 E♭음

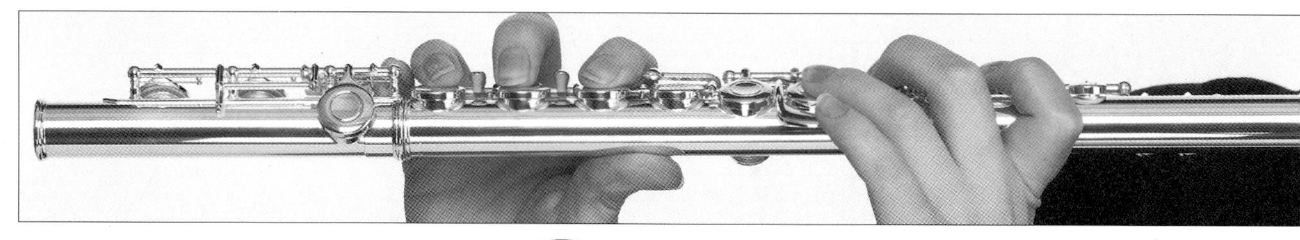

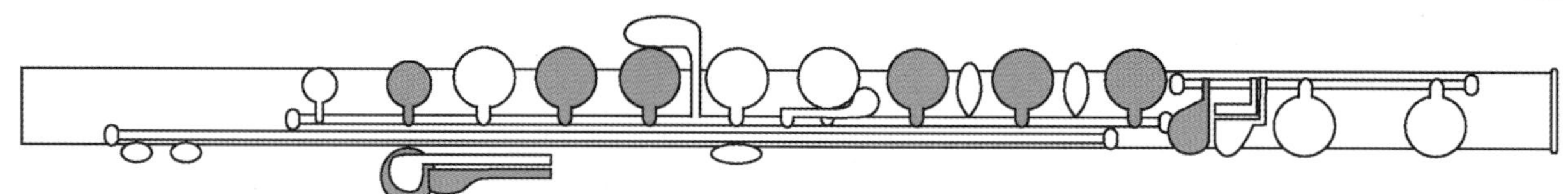

빠른 손가락 연습

달리기 전에 걷는 법을 먼저 배워야 하듯이, 빠른 곡을 연주하기 위해서는 먼저 천천히 연습해야 합니다.
교재에 실린 연습곡과 연주곡을 천천히 연습하며 근육을 자유자재로 조절할 수 있도록 하세요.

Tip

꾸준한 연습은 '근육 기억력(muscle memory)'을 길러줍니다. 근육 기억력이 생기면, 어떤 음을 연주할 때 운지법에 대해 생각하지 않아도 몸에 밴 대로 저절로 손가락이 움직이게 됩니다

연습 1.

완벽한 소리와 정확한 운지를 목표로 여러 번 연습하세요.
중간음역의 D와 E♭음의 운지가 다른 것을 기억하세요.

연습 2.

양손이 조화를 이루도록 하는 것은 어려운 일입니다. 자신에게 엄격해지세요.
양손이 완벽히 조화되지 않을 때는 아래의 악보를 보고 연습하세요.

연습 3.

빠르게 연주할 수 있을 때까지 여러 번 연습하세요.

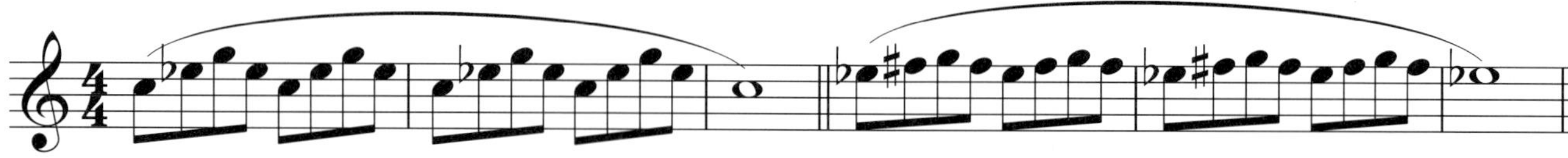

Camptown Races (캠프타운 경마)

Home On The Range (언덕 위의 집)

69-70

Danny Boy (대니 보이)

아일랜드 민요

선율이 매우 아름다운 곡입니다. 셈여림표와 슬러를 지키며 막힘 없이 연주할 수 있을 때까지 연습하세요.
많이 연습한 만큼 보람이 있을 것입니다.

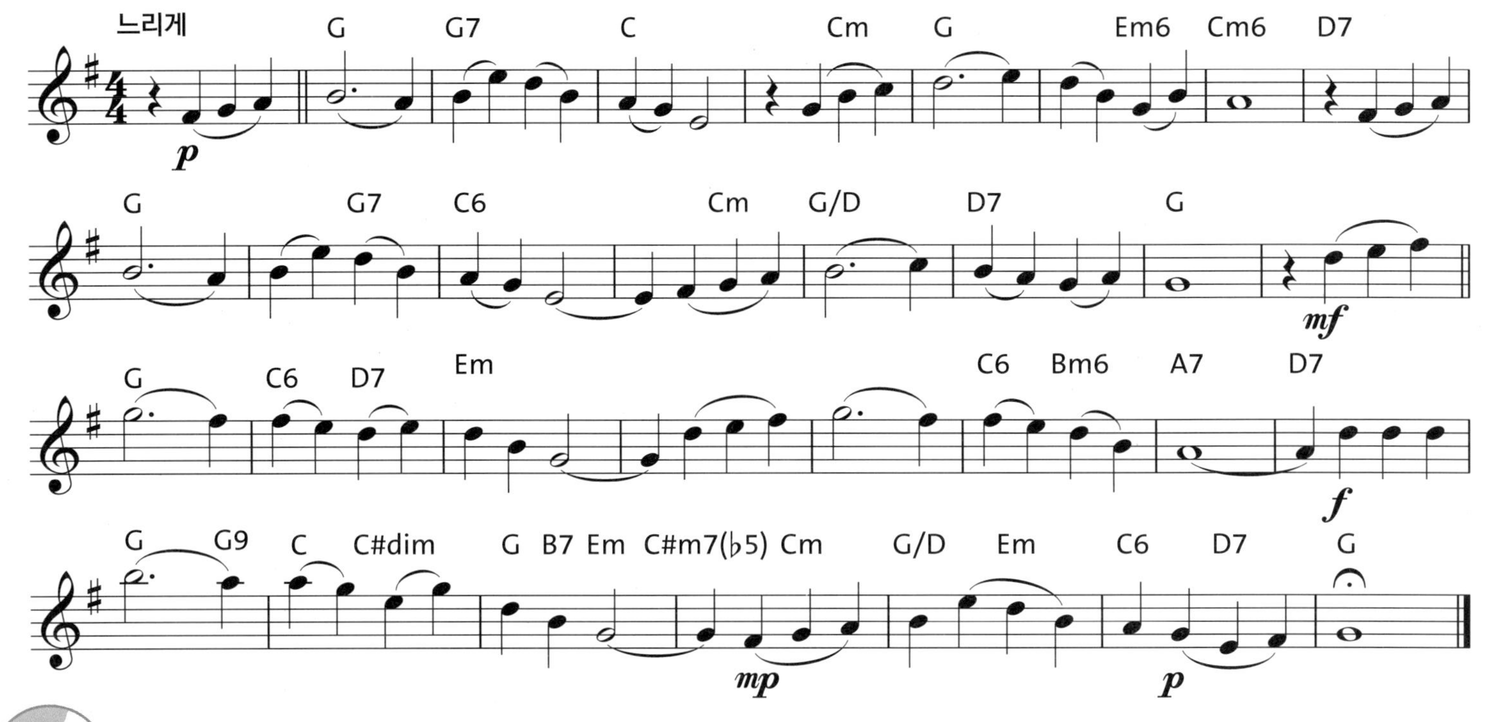

71

Swing Low, Sweet Chariot (흔들리는 마차)

흑인 영가

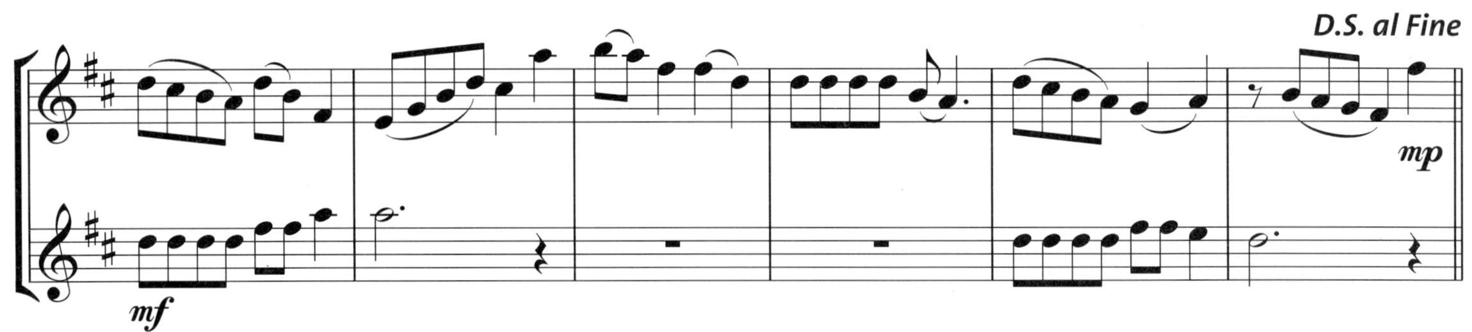

goals:

1. G♯음
2. 단조의 조표와 음계

G♯음

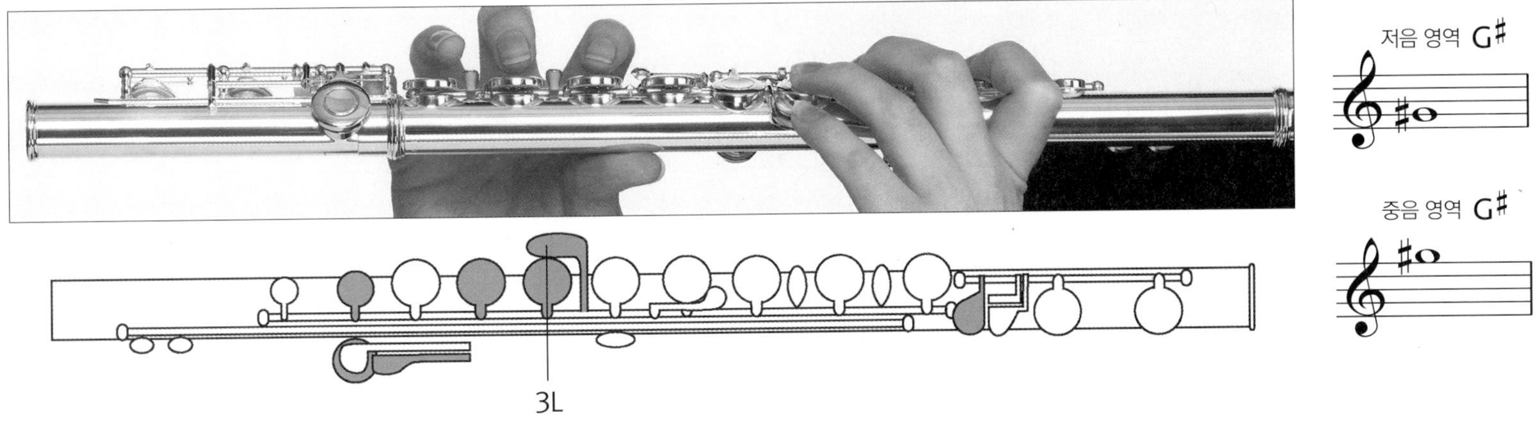

연습 1. 저음 G, G♯, A음

새끼손가락을 많이 써야 하는 연습입니다. 반음에 주의하며 연습하세요!

연습 2.

G♯음 연습을 많이 하면 새끼손가락 힘을 기를 수 있습니다.

연습 3.

스코틀랜드 민요입니다. 힘차게 연주하세요.

장조와 단조 (Major & minor)

지금까지 연주한 곡은 대부분 밝은 분위기의 곡이었습니다. C장조, G장조, F장조 등 장조였기 때문입니다.
하지만 슬픈 느낌의 곡도 있습니다. 그런 경우 일반적으로 단조를 사용합니다. 장조의 음계 (장음계)는 3음과 4음, 7음과 8음
사이가 반음이고 단조의 음계 (단음계)는 2음과 3음, 7음과 8음 사이가 반음입니다 (화성단음계).
여러 가지 단음계가 있지만 이 교재에서는 화성단음계만 사용합니다.

연습 4. A장조 음계

여러 번 연주하면서 밝은 분위기를 느껴보세요.

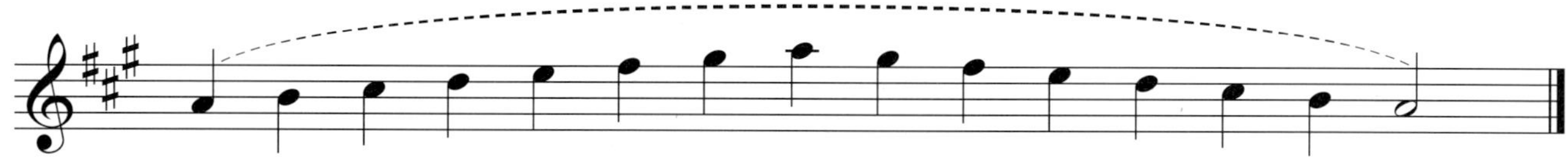

연습 5. A단조 화성단음계

A단조의 조표는 C장조와 같지만 연주할 때 G#음이 계속 나옵니다.

레슨 14를 위한 연주곡

72·73

Hava Nagila (하바 나길라)

이스라엘 민요

단조 (Dm)로 된 유명한 곡입니다.
처음에는 느리게 시작했다가 중간부터 빠르고 신나게 연주하세요.

레슨 14를 위한 연주곡

Go Down Moses (가라, 모세)

흑인 영가

이 곡은 세 대의 플루트가 선율을 나누어 연주하기 때문에 세 파트가 똑같이 중요합니다.
선율을 보조해주는 반주를 연주할 때는 셈여림표를 지켜 선율과 조화를 이루도록 하세요.

goals:

1. 고음 영역의 C♯과 D음
2. 스타카토와 레가토

C♯음

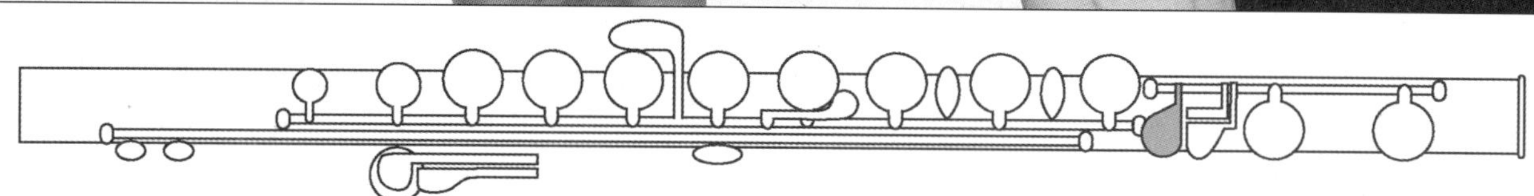

D음

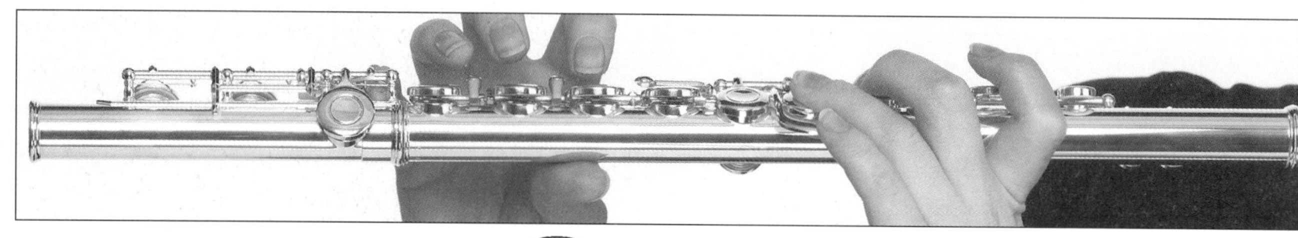

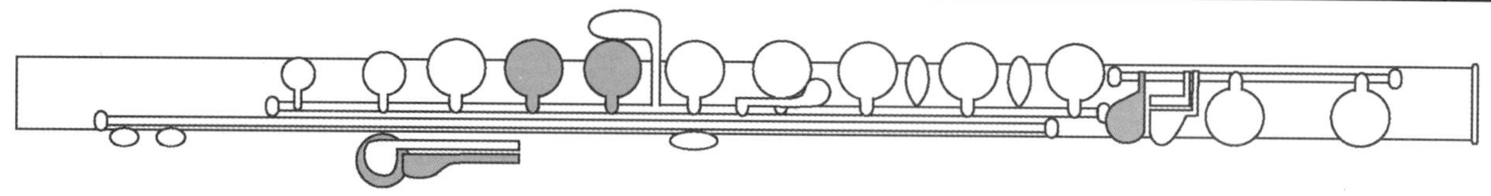

Tip

높은 음은 플루트의 관 전체를 사용하지 않고 아주 짧은 부분만을 통해서 소리가 납니다. 따라서 낮은 음보다 적은 숨을 내쉬고도 같은 크기의 소리를 낼 수 있습니다. 높은 음에서 너무 세게 불면 음색이나 음이 안 좋아질 수 있습니다. 연주자의 귀도 나빠질 수 있죠!

연습 1.

모든 음을 같은 크기로, 예쁘고 또렷하게 들리도록 연습하세요.

연습 2.

이음줄로 연결된 음들을 부드럽게 슬러로 연주하세요.

연습 3.

2옥타브 D단조 음계입니다.

스타카토와 레가토 (Staccato & Legato)

레가토는 연결하라는 뜻으로, 여러 음을 끊지 않고 슬러나 부드러운 텅잉으로 연주하는 것을 의미합니다.
스타카토는 반대로 음을 짧게 끊어 연주하라는 뜻입니다. 음표 위나 아래의 점이 스타카토 기호입니다.

연습 4.

또렷하게 스타카토 텅잉을 할 수 있도록 여러 번 연습하세요.

연습 5.

처음에 느리게 연주해야 8분음표가 너무 빨라지지 않습니다.

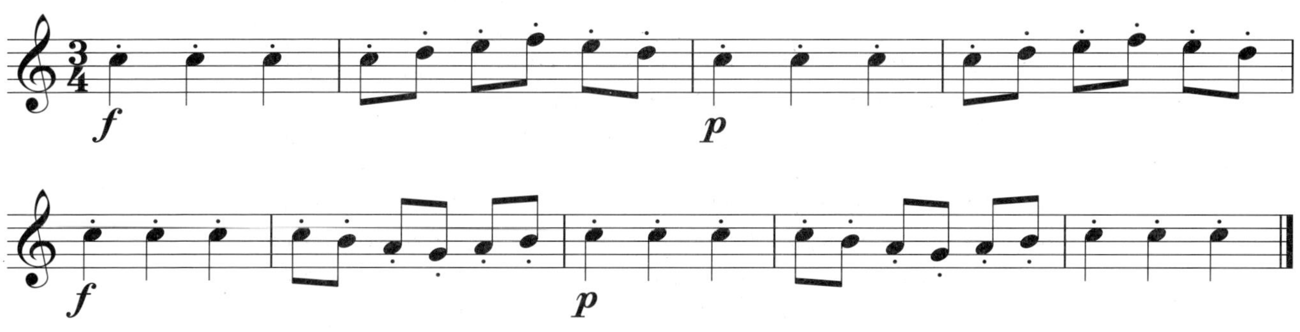

레슨 15를 위한 연주곡

The Blue Danube Waltz (푸른 다뉴브강)

Strauss

레슨 15 를 위한 연주곡

76-77
Oh! Susannah (오! 수재너)
Foster
mf
D
A7
D
A7
D
G
f
A7
D
mf
A7
D

78-79
Song Of The Volga Boatmen (볼가강의 뱃노래)
러시아 민요
장엄하게
F#m B F#m B F#m G#m C#7 F#m B F#m
p
A7 D A7 D
mf
Bm F#m Bm F#m G#m C#7 F#m B F#m
f

80-81
Mango Walk (망고 워크)
자메이카 민요
보통 빠르기로
C G7 C
mf
G7 C Fine G7 C
mp
G7 C G7 C G7 C D.S. al Fine
mf

test:
Lesson 11 ~ 15

1. 조표

알맞은 조표를 그려보세요.

G장조　　　　　F장조　　　　　D단조　　　　　D장조　　　　　C장조

(5)

2. 점음표

점음표를 사용하여 왼쪽의 악보를 단순하게 바꿔보세요.

(5)

3. 음표와 음이름

다음의 음들을 4분음표로 그려보세요.

저음 **D**　　　저음 **G♯**　　　중음 **F♯**　　　중음 **A**　　　중음 **C♯**　　　고음 **D**

(6)

4. 주법

다음은 무슨 뜻인가요?

legato (레가토) _______________________

staccato (스타카토) _______________________

(4)

5. 기호

화살표가 가리키는 것의 이름을 쓰세요.

(5)

Total (25)

1. 저음 영역의 C와 C♯음
2. 이명동음 (딴이름 한소리)

저음 영역의 C음

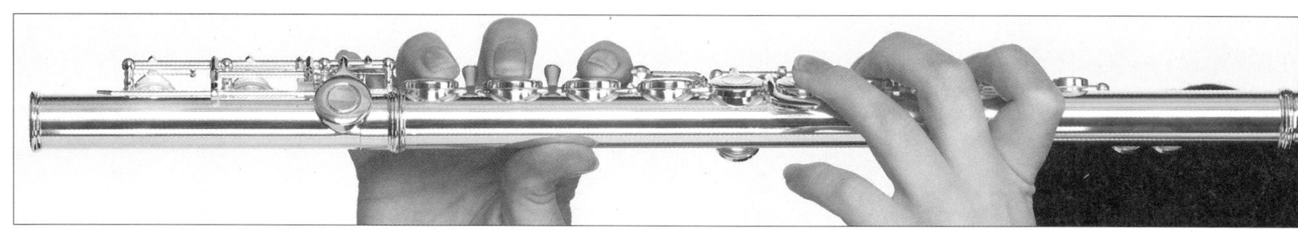

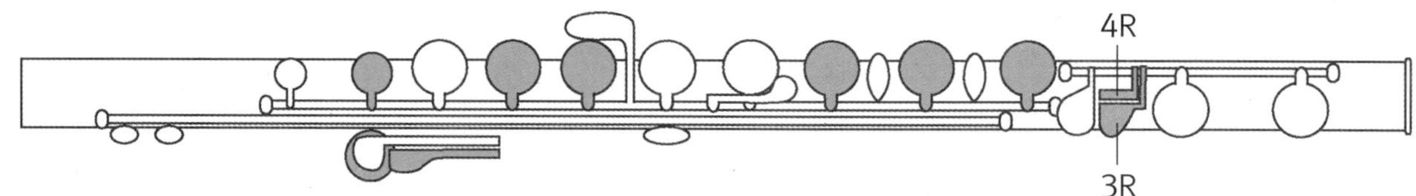

저음 영역의 C♯음

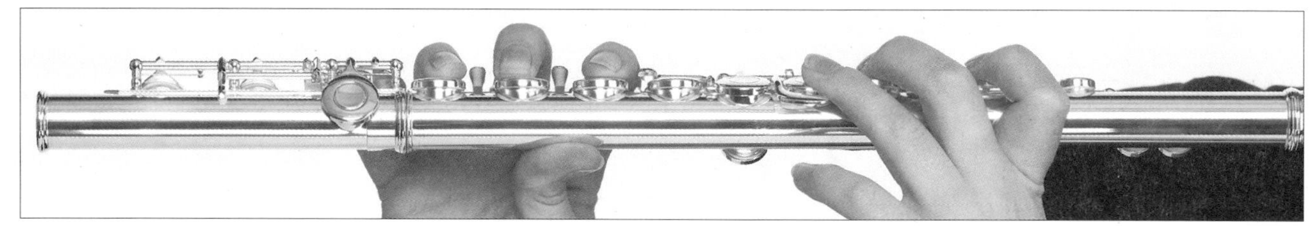

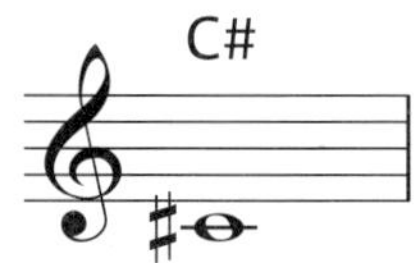

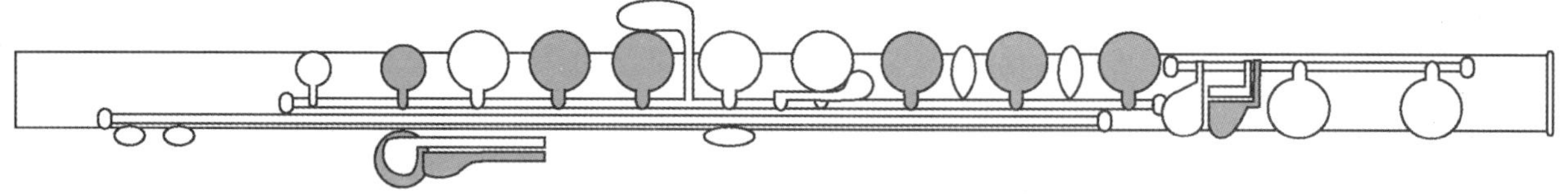

Tip

세 음역의 B♭음을 비교해보세요. 음높이는 달라도 최대한 같은 소리를 내도록 노력해보세요. 모든 음을 같은 악기로 연주하고 있다는 것이 귀로 느껴져야 합니다.

연습 1.

음을 최대한 길게 연주하세요.
새끼손가락은 음에 따라 다른 키를 눌러야 합니다. 잊지 마세요!

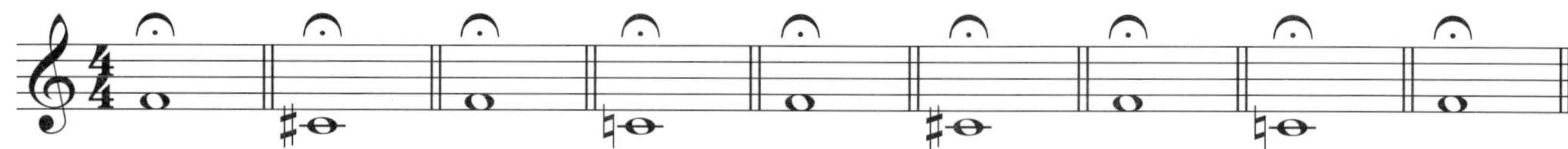

이명동음 (딴이름 한소리)

앞에서 배웠듯이 A♭은 A음보다 반음 낮고 G음보다 반음 높습니다. 그래서 A♭은 G♯음이라고도 부를 수 있습니다. 이렇게 이름은 다르지만 사실은 같은 두 음을 이명동음이라고 합니다.

연습 2.

같은 음이 위의 선율에서는 G♯으로, 아래 선율에서는 A♭음으로 나와 있습니다. 잘 보고 연주해보세요.

앞에서 운지법을 이미 배운 음들입니다. 이명동음을 옆에 적고 연주해보세요.

레슨 16을 위한 연주곡

The Entertainer (엔터테이너)

Joplin

82

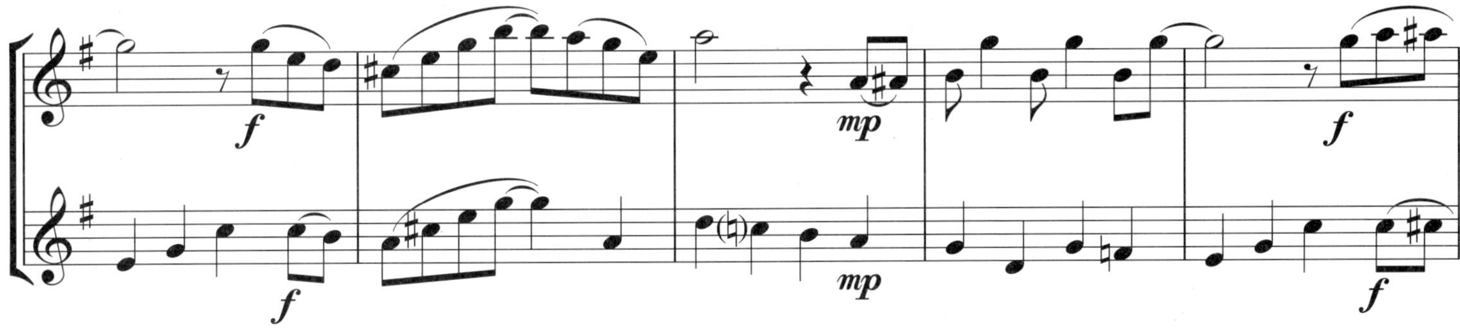

Enharmonic Blues (이명동음 블루스)

83-84

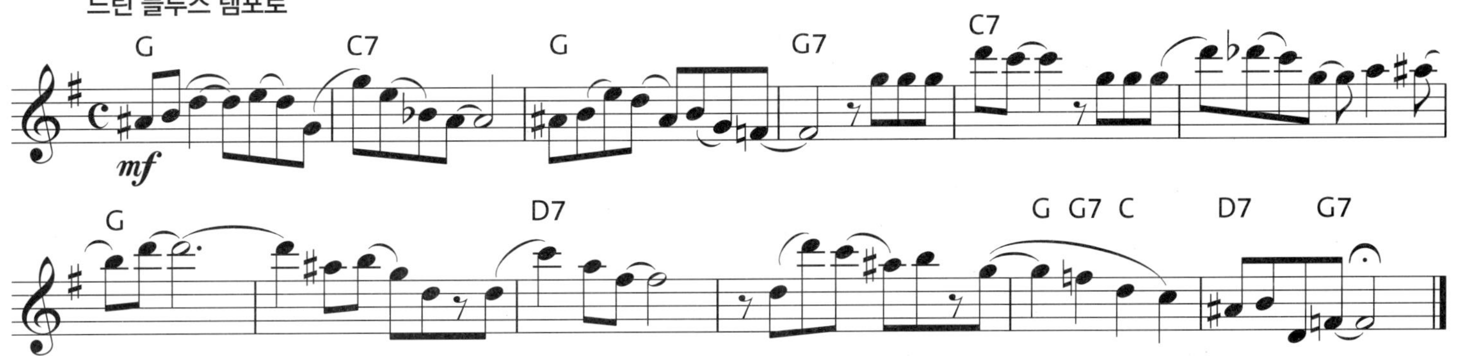

goals:

1. 크레센도와 디미누엔도 (<, >)
2. 여러 가지 빠르기말

Tip

셈여림표와 빠르기말을 알면 음악을 연주할 때 어떻게 표현해야 하는지 힌트를 얻을 수 있습니다.

앞서 연주했던 곡들에서는 셈여림이 갑자기 바뀌었습니다 (*p* 에서 *f* 로). 하지만 *p* 에서 *f* 로 서서히 변하는 셈여림도 있습니다. 이런 셈여림은 또 다른 효과를 줍니다.

Crescendo (크레센도) – 점점 세게

Diminuendo (디미누엔도) – 점점 여리게

다음은 자주 사용되는 빠르기말입니다.

Allegro (알레그로) – 빠르게

Adagio (아다지오) – 느리게

Accelerando 또는 accel. (아첼레란도) – 점점 빠르게

Andante (안단테) – 걷는 속도로

Rallentando 또는 rall. (랄렌탄도) – 점점 느리게

레슨 17을 위한 연주곡 – 오페라 듀엣

La Forza del Destino (운명의 힘)

Verdi

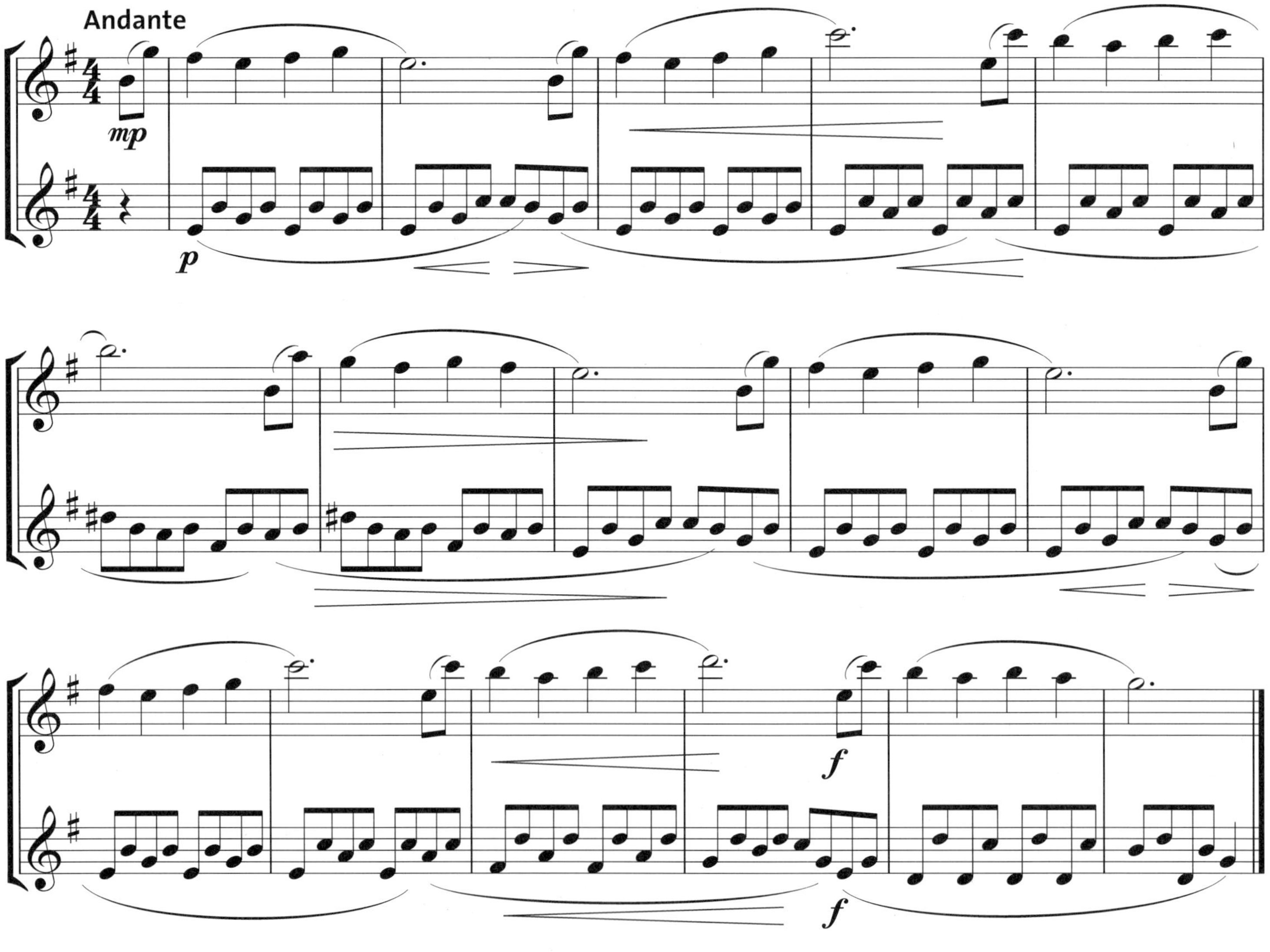

Hail The Conquering Hero (보아라, 용사!) 《개선의 합창》에서

Handel

William Tell Overture (윌리엄 텔 서곡)

Rossini

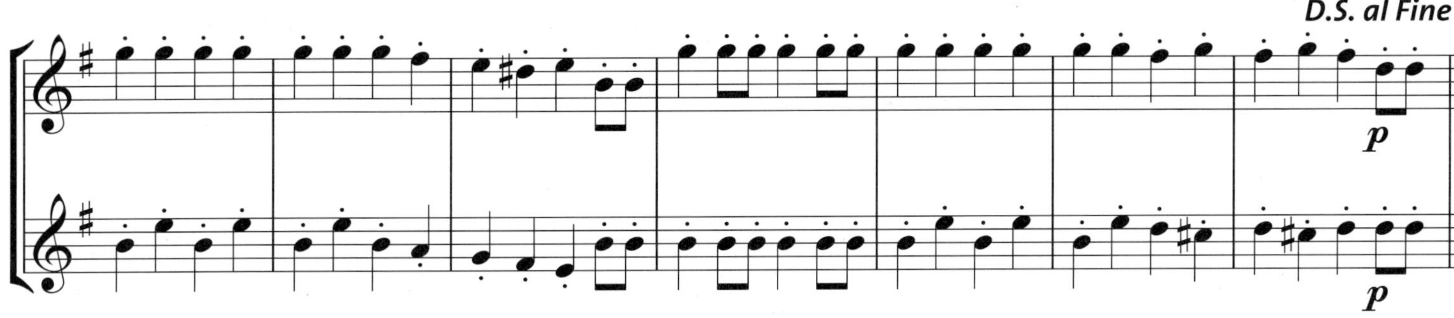

1. 스윙 8분음표
2. 재즈 곡 연주하기

(Tip) 스윙 (swing)

탄력 있게 반동을 주어 연주하세요. 한 박을 셋으로 나누어 2/3는 앞의 8분음표로, 나머지 1/3은 두 번째 8분음표로 연주한다고 생각하면 쉽습니다.

클래식 음악에서는 8분음표를 악보 그대로 4분음표의 절반 길이로 연주합니다.

그러나 재즈에서는 두 개의 8분음표를 불균등하게, 첫 음을 두 번째 음보다 더 길게 연주합니다.

이렇게 연주하는 것을 스윙 리듬이라고 합니다.

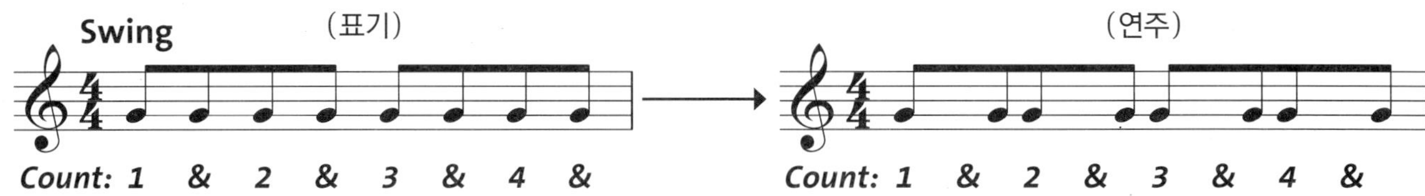

연습 1.

E단조 음계를 스윙 리듬으로 연주해보세요. 한 번은 텅잉을 하면서, 다음에는 악보에 적힌 슬러를 살려 연주해보세요.

레슨 18을 위한 연주곡

88-89 *Little Brown Jug* (작은 갈색병)

90-91 *Joshua Jazz* (조슈아 재즈)

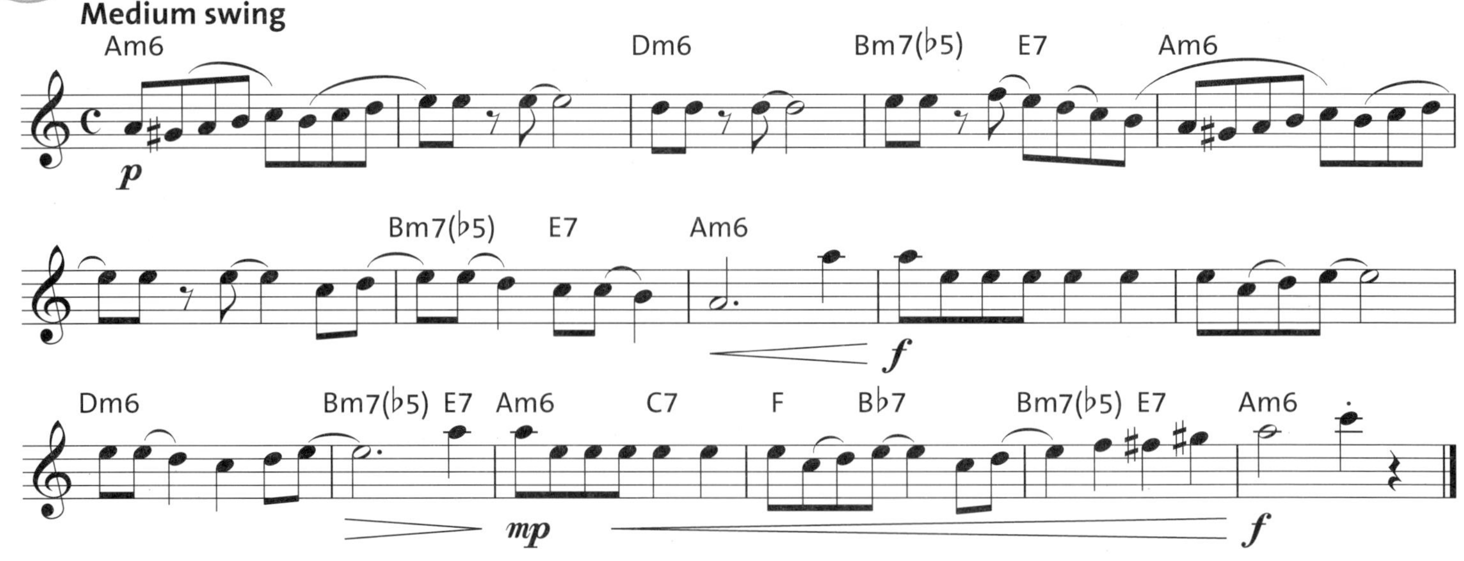

레슨 18을 위한 연주곡

Maryland, My Maryland (메릴랜드, 나의 메릴랜드)

보통 빠르기로 스윙

Lesson 19 goals:

1. 음계 연습으로 테크닉 강화
2. 합주

* 음계 연습

음계를 매일 연습하면

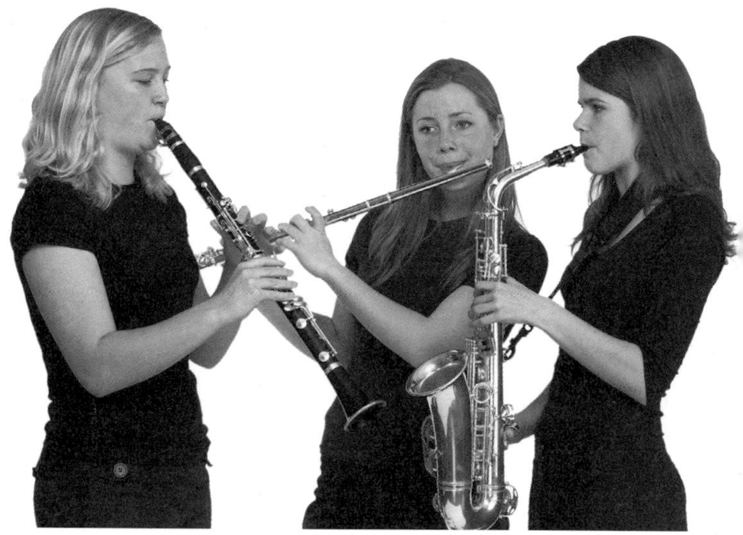

- 다양한 조에서 자유자재로 손가락을 사용할 수 있는 훈련이 됩니다.
- 음의 길이를 일정하게 연주할 수 있게 됩니다.
- 음역에 관계없이 고른 소리로 연주할 수 있게 됩니다.
- 호흡을 잘 조절할 수 있게 됩니다.
- 여러 음의 관계를 더 잘 느낄 수 있게 됩니다.

다음은 초보자를 위한 음계와 아르페지오입니다.
텅잉을 하면서 연습하고 슬러로도 연습하세요.

F장조

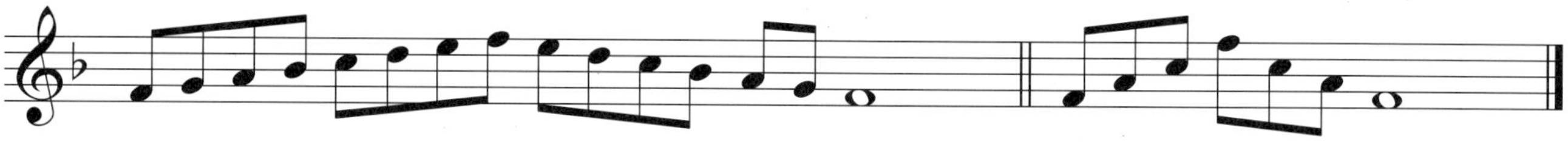

G장조

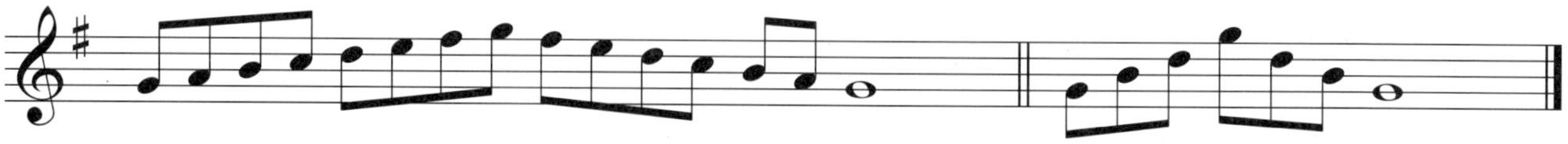

D장조 (2옥타브)

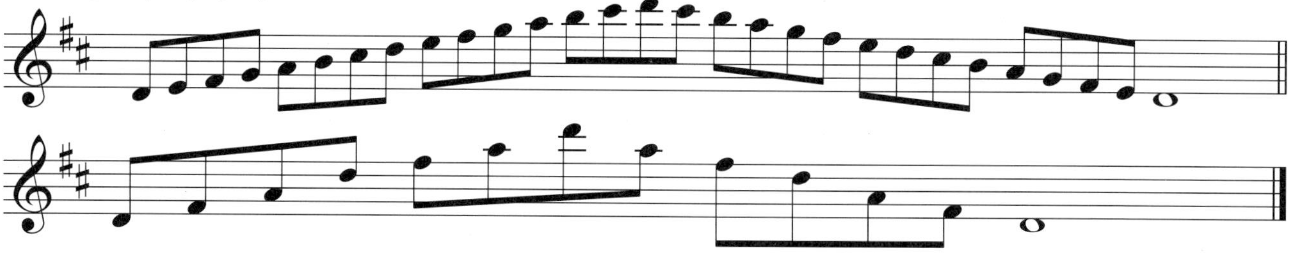

E단조

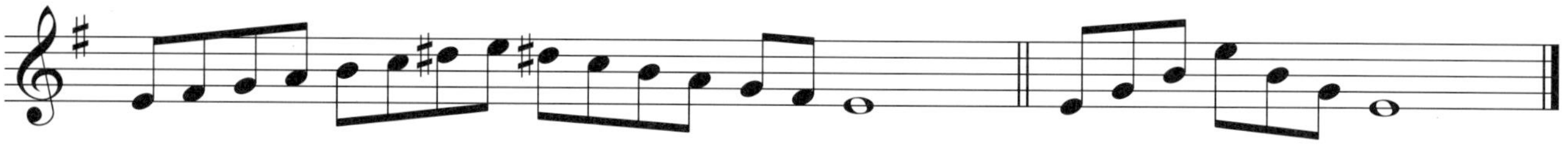

A단조

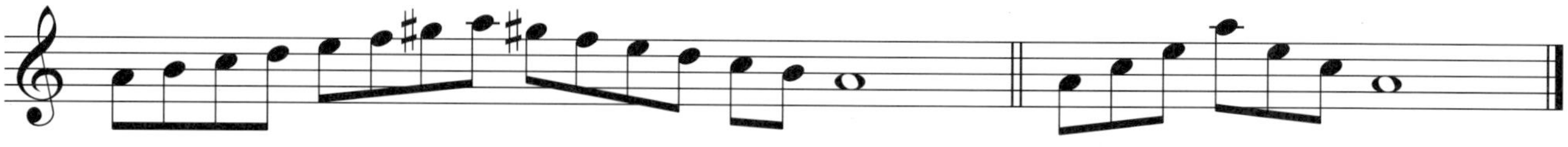

* 《어드벤쳐 악기 시리즈》 스케일 & 아르페지오 교재를 함께 연습해도 좋습니다.

레슨 19를 위한 연주곡

Gypsy Rover (방랑하는 집시)

Down By The Riverside (강가에 앉아)

활기차게 스윙

goals:

1. $\frac{6}{8}$박자 (복합박자)
2. $\frac{6}{8}$박자 노래들

단순박자와 겹박자 (복합박자)

$\frac{2}{4}$, $\frac{3}{4}$, $\frac{4}{4}$박자는 홑박자입니다.

위의 숫자는 한 마디에 들어가는 박의 수를 알려주고, 아래의 숫자는 4분음표 하나가 1박이라는 것을 보여줍니다.

이것은 1박을 두 개의 8분음표로 나눌 수 있다는 뜻이기도 합니다.

연습 1. 홑박자 세기

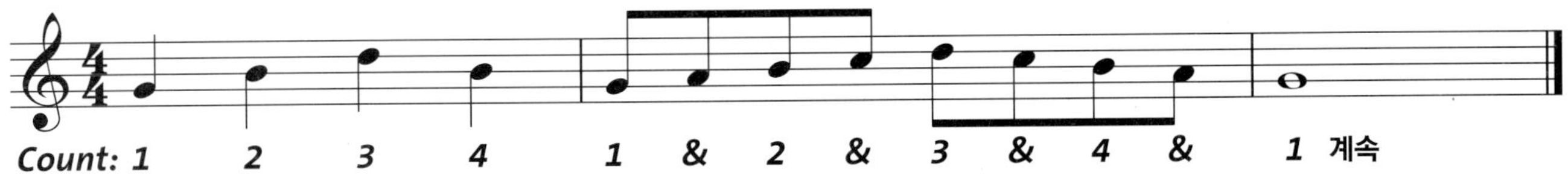

그러나 겹박자에서는 1박이 3개의 8분음표와 같습니다. 점4분음표가 1박이라는 뜻입니다.

연습 2. 겹박자 세기

연습 3.

잘 알려진 $\frac{6}{8}$박자 곡입니다. 한 마디를 세게 2박으로 나누어 세며 연습해보세요.

$\frac{6}{8}$박자 곡 중에는 활기찬 곡이 많습니다. 영화 「오즈의 마법사」에 나오는 《We're Off To See The Wizard》 역시 $\frac{6}{8}$박자입니다. 8분음표 6개를 하나하나 세는 것보다는 셋씩, 두 묶음으로 세는 것이 훨씬 쉽습니다.

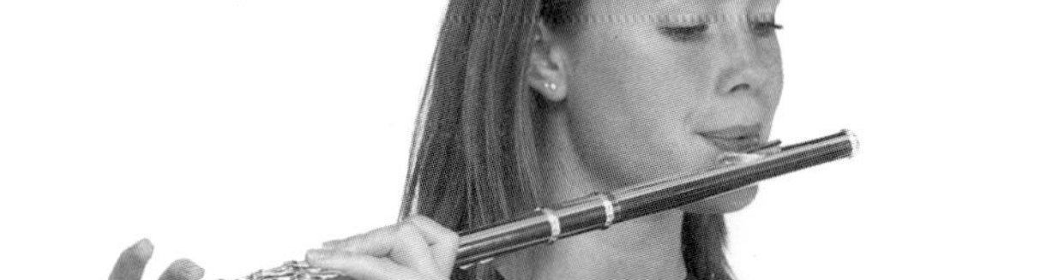

박자 맞추기!

일정한 박을 유지하세요.

* 메트로놈을 사용하면 도움이 됩니다.

발을 구르며 박자를 세는 사람들도 있지만, 이렇게 박자를 맞출 수 있을 때까지는 많은 연습이 필요합니다.

레슨 20을 위한 연주곡

When Johnny Comes Marching Home (조니가 행진하며 집으로 돌아올 때) 외국 민요

For He's A Jolly Good Fellow (사랑스런 친구를 위하여) 외국 민요

1. 이명동음

이명동음을 그려보세요.

(5)

2. 옥타브

아래 선율을 한 옥타브 올려 그려보세요.

(6)

3. 호흡 조절

호흡을 조절하고 안정적인 소리를 유지하며 아래 음을 연주해보세요.
3초가 지날 때마다 1점씩 받을 수 있습니다. 5점이 될 때까지 불어보세요.

(5)

4. 음악용어

다음 뜻에 해당되는 이탈리아어를 적어보세요.

(4)

점점 세게 _______________   점점 여리게 _______________

점점 빠르게 _______________   점점 느리게 _______________

5. 음계

악보를 보지 않고 아래 음계를 연주해보세요.

(5)

E단조 음계

D장조 아르페지오

F장조 음계

G장조 아르페지오

A단조 음계

Total (25)

CD track

1	튜닝음	**33**	Steal Away *(연주)*	**71**	Swing Low, Sweet Chariot
2	플루트 연주의 예	**34**	Steal Away *(반주)*	**72**	Hava Nagila *(연주)*
3	Valley Song	**35**	Sea Song	**73**	Hava Nagila *(반주)*

1 튜닝음
2 플루트 연주의 예
3 Valley Song
4 Going Cuckoo
5 Au Clair de la Lune *(연주)*
6 Au Clair de la Lune *(반주)*
7 Back To Bed *(연주)*
8 Back To Bed *(반주)*
9 Grumpy Graham
10 Medieval Dance
11 Barcarolle
12 Jingle Bells *(연주)*
13 Jingle Bells *(반주)*
14 Largo from New World Symphony *(연주)*
15 Largo from New World Symphony *(반주)*
16 Lightly Row
17 Knight Time *(연주)*
18 Knight Time *(반주)*
19 When The Saints Go Marching In *(연주)*
20 When The Saints Go Marching In *(반주)*
21 Joshua Fought The Battle Of Jericho *(연주)*
22 Joshua Fought The Battle Of Jericho *(반주)*
23 Coventry Carol *(연주)*
24 Coventry Carol *(반주)*
25 Barcarolle
26 Abide With Me
27 Juggling *(연주)*
28 Juggling *(반주)*
29 My Favourite Waltz *(연주)*
30 My Favourite Waltz *(반주)*
31 Minuet *(연주)*
32 Minuet *(반주)*

33 Steal Away *(연주)*
34 Steal Away *(반주)*
35 Sea Song
36 Finger Blues *(연주)*
37 Finger Blues *(반주)*
38 O Come All Ye Faithful *(연주)*
39 O Come All Ye Faithful *(반주)*
40 Skye Boat Song *(연주)*
41 Skye Boat Song *(반주)*
42 Scarborough Fair
43 Yankee Doodle *(연주)*
44 Yankee Doodle *(반주)*
45 Can Can *(연주)*
46 Can Can *(반주)*
47 Nessun Dorma *(연주)*
48 Nessun Dorma *(반주)*
49 Der Vogelfanger bin ich ja *(연주)*
50 Der Vogelfanger bin ich ja *(반주)*
51 Swing Low, Sweet Chariot *(연주)*
52 Swing Low, Sweet Chariot *(반주)*
53 Auld Lang Syne *(연주)*
54 Auld Lang Syne *(반주)*
55 Allegro from Spring
56 Hark! The Herald Angels Sing *(연주)*
57 Hark! The Herald Angels Sing *(반주)*
58 Dixie *(연주)*
59 Dixie *(반주)*
60 Ode To Joy
61 Romance No.1 *(연주)*
62 Romance No.1 *(반주)*
63 Can Can *(연주)*
64 Can Can *(반주)*
65 When The Saints Go Marching In
66 Camptown Races
67 Home On The Range *(연주)*
68 Home On The Range *(반주)*
69 Danny Boy *(연주)*
70 Danny Boy *(반주)*

71 Swing Low, Sweet Chariot
72 Hava Nagila *(연주)*
73 Hava Nagila *(반주)*
74 The Blue Danube Waltz *(연주)*
75 The Blue Danube Waltz *(반주)*
76 Oh! Susannah *(연주)*
77 Oh! Susannah *(반주)*
78 Song Of The Volga Boatmen *(연주)*
79 Song Of The Volga Boatmen *(반주)*
80 Mango Walk *(연주)*
81 Mango Walk *(반주)*
82 The Entertainer
83 Enharmonic Blues *(연주)*
84 Enharmonic Blues *(반주)*
85 La Forza del Destino
86 Hail The Conquering Hero
87 William Tell Overture
88 Little Brown Jug *(연주)*
89 Little Brown Jug *(반주)*
90 Joshua Jazz *(연주)*
91 Joshua Jazz *(반주)*
92 Maryland, My Maryland
93 When Johnny Comes Marching Home
94 For He's A Jolly Good Fellow *(연주)*
95 For He's A Jolly Good Fellow *(반주)*

부록 CD

트랙 1은 튜닝 트랙이고,
트랙 2는 플루트 연주의 예를 들려줍니다.
트랙 3부터는 책에 배치된 순서대로 곡이
수록되어 있습니다.

그림 위에 적힌 숫자가 트랙 번호입니다.

발행인 이병직
발행처 도서출판 뮤직트리

초판 1쇄 발행 2011년 6월 30일

출판신고 2003년 7월 11일 제 406 – 2003 – 00006호   121 – 840 서울시 마포구 서교동 395 – 179 미르B/D 3F TEL. 02)325 – 2592 FAX. 02)334 – 4704

번   역 윤인영
감   수 조장휘
편   집 강효정 · 박수연 · 윤인영 · 김지니
디자인 책임 이현정
디자인 진행 페이지 엠(www.page – m.com)

ISBN 978 – 89 – 6296 – 162 – 1
      978 – 89 – 6296 – 148 – 5 (set)

정가 10,000원

www.adventure.co.kr

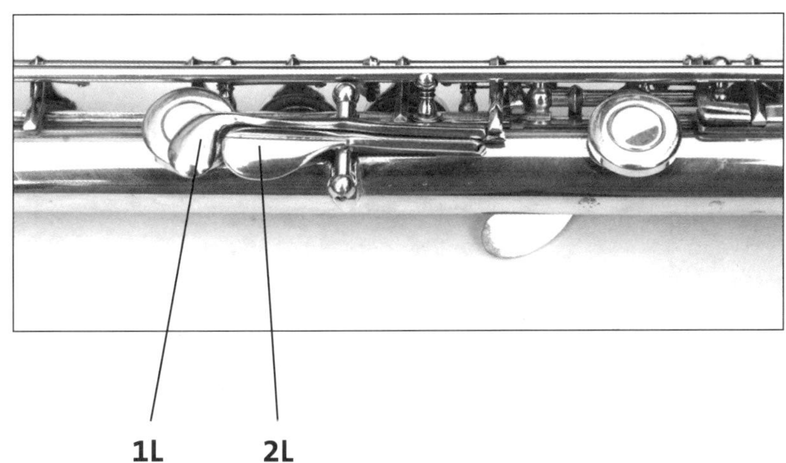

1L
2L

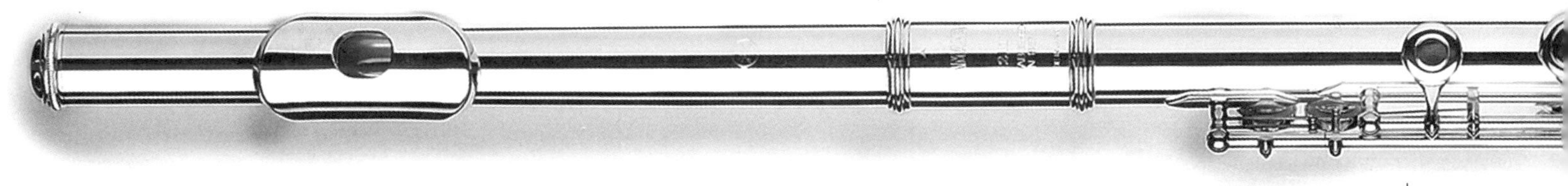

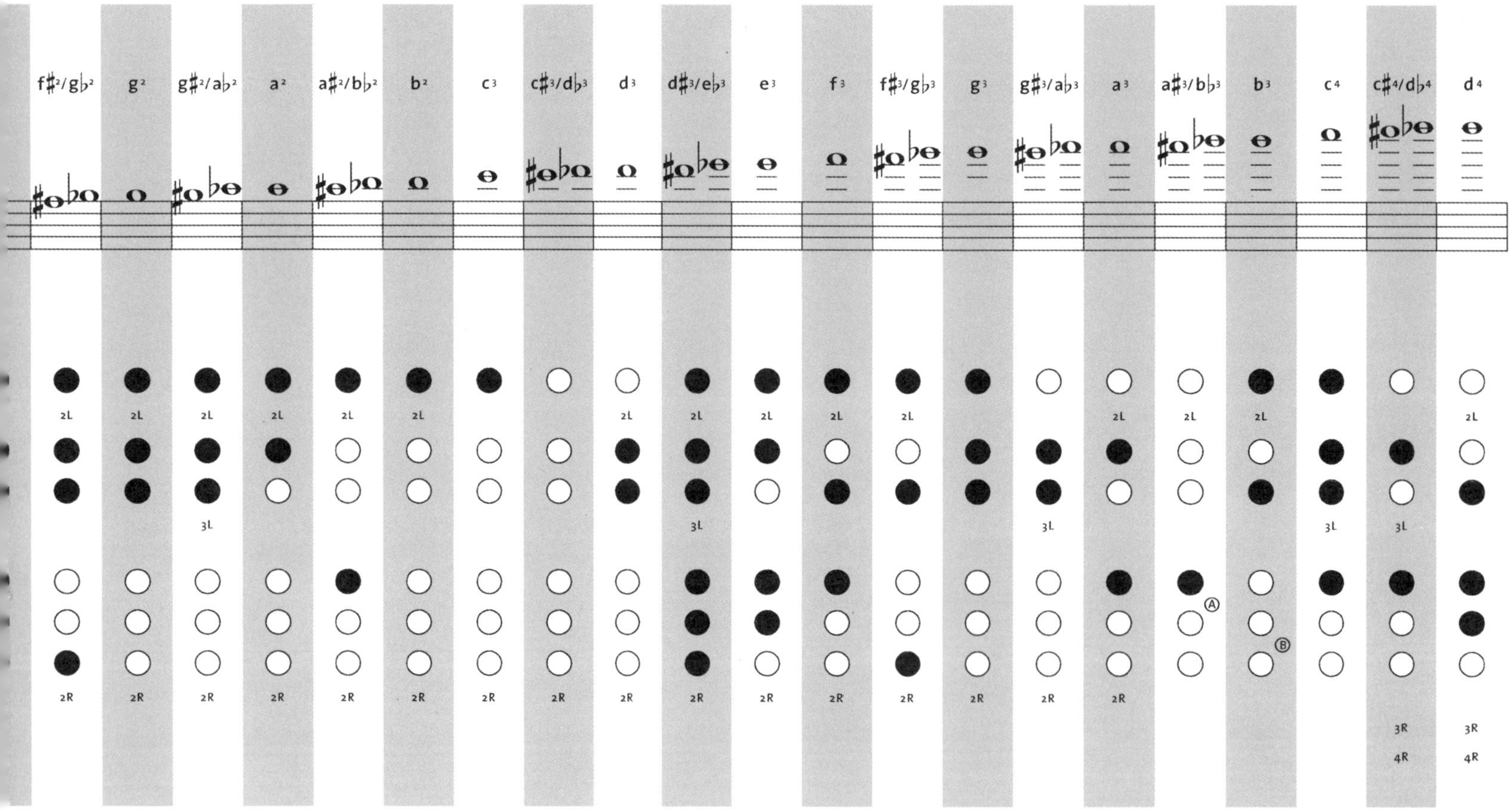

f#²/g♭²
g²
g#²/a♭²
a²
a#²/b♭²
b²
c³
c#³/d♭³
d³
d#³/e♭³
e³
f³
f#³/g♭³
g³
g#³/a♭³
a³
a#³/b♭³
b³
c⁴
c#⁴/d♭⁴
d⁴
2L
3L
2R
3R
4R
Ⓐ
Ⓑ

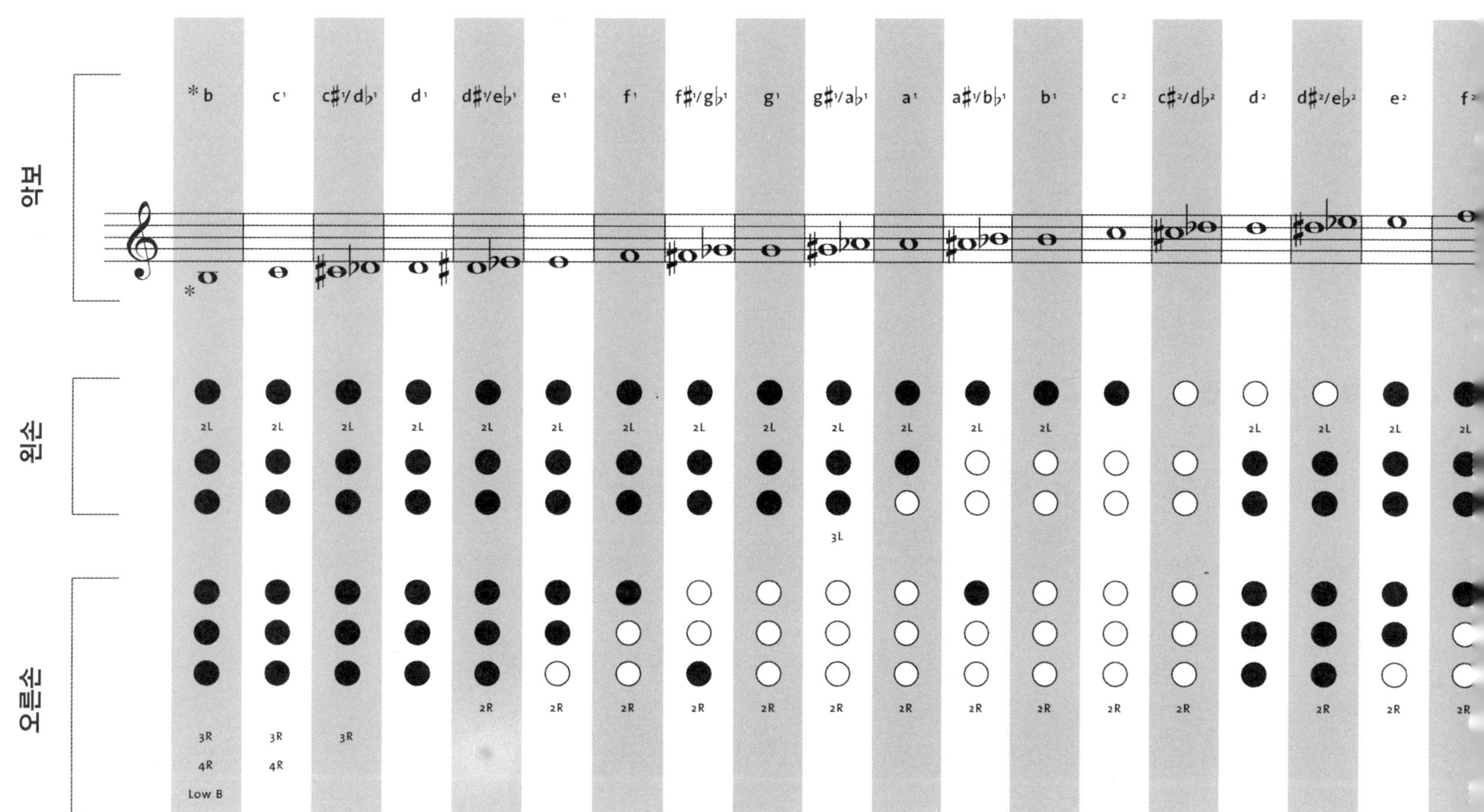

* 이 음은 낮은 B 키가 있는 플루트에서만 연주할 수 있습니다.

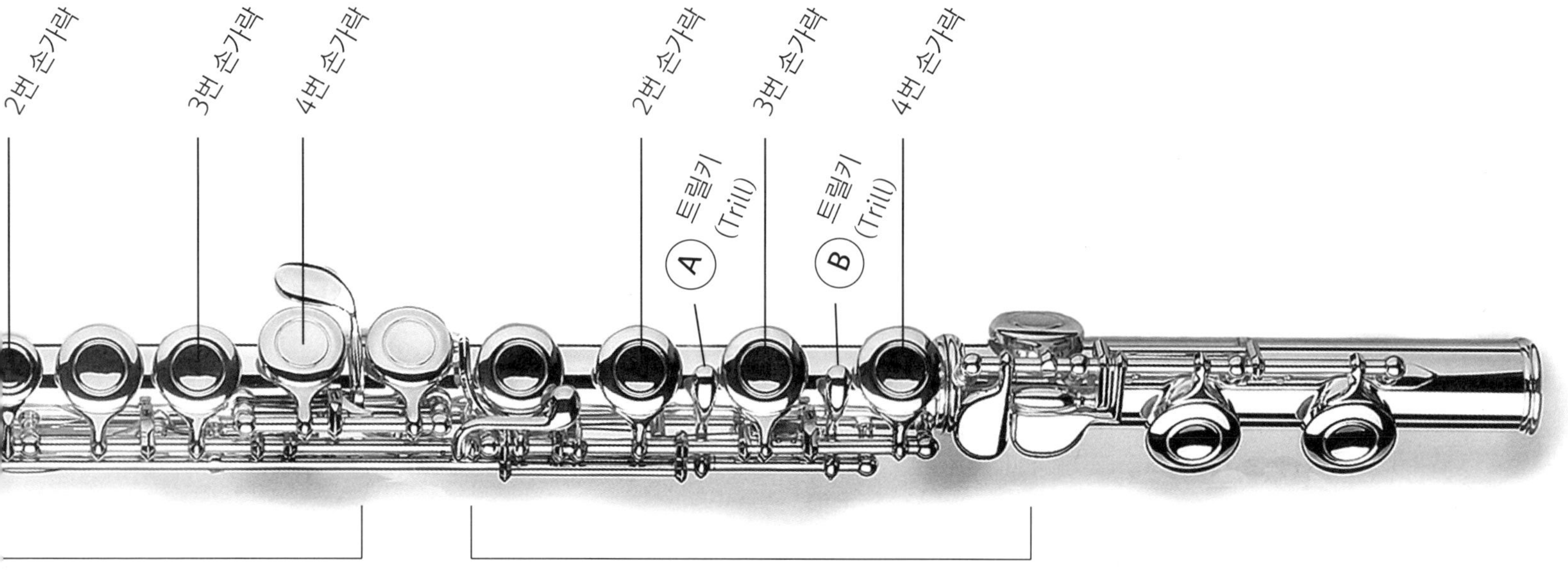

2번 손가락
3번 손가락
4번 손가락
2번 손가락
트릴키 (Trill)
A
3번 손가락
트릴키 (Trill)
B
4번 손가락
왼손
오른손